Aprender a ser valiente

BESTSELLER DE *THE NEW YORK TIMES*

Aprender a ser valiente

Momentos decisivos en la vida y en la fe

Mariann Edgar Budde

OBISPA EPISCOPAL DE WASHINGTON

Grijalbo

El papel utilizado para la impresión de este libro ha sido fabricado a partir de madera procedente de bosques y plantaciones gestionadas con los más altos estándares ambientales, garantizando una explotación de los recursos sostenible con el medio ambiente y beneficiosa para las personas.

Aprender a ser valiente
Momentos decisivos en la vida y la fe

Título original: *How We Learn to Be Brave: Decisive Moments in Life and Faith*

Primera edición: octubre, 2025

ISBN: 978-607-386-522-7

Impreso en México – *Printed in Mexico*

A mi madre, Ann, y a mi hermana,
Christine, dos de las mujeres más valientes
que conozco, y a Paul, cuya fuerza serena
nos sostiene a todos

Concédenos sabiduría, concédenos valor
para enfrentar esta hora.
HARRY EMERSON FOSDICK[1]

ÍNDICE

HOMILÍA

Un servicio de oración por la nación

Jesús dijo: "Todo aquel que escucha estas palabras mías y las pone en práctica será como un hombre sabio que construyó su casa sobre la roca. Cayó la lluvia, vinieron las inundaciones, y los vientos soplaron y golpearon contra esa casa, pero no se cayó porque había sido fundada sobre la roca. Y todo aquel que escucha estas palabras mías y no las pone en práctica será como un hombre necio que construyó su casa sobre la arena. Cayó la lluvia, vinieron las inundaciones, y los vientos soplaron y golpearon contra esa casa, y se cayó: ¡y grande fue su caída!". Cuando Jesús terminó de decir esto, las multitudes quedaron asombradas por su enseñanza, porque les enseñaba como quien tiene autoridad, y no como sus escribas.

MATEO 7:24-29

Con muchas personas de todo el país, nos hemos reunido esta mañana para orar por la unidad como nación —no por acuerdo, político o de otro tipo, sino por el tipo de unidad que fomenta la comunidad a través de la diversidad y la división—, una unidad que sirve al bien común.

En este sentido, la unidad es el requisito fundamental para que las personas vivan juntas en una sociedad libre; es la roca sólida, como dijo Jesús, en este caso sobre la cual construir una nación. No es conformidad. No es la victoria de uno sobre otro. No es cortesía cansada ni pasividad nacida del agotamiento. La unidad no es partidista.

Más bien, la unidad es una forma de estar unos con otros que abarca y respeta las diferencias, que nos enseña a sostener múltiples perspectivas y experiencias de vida como válidas y dignas de respeto; que nos permite, en nuestras comunidades y en los pasillos del poder, cuidarnos genuinamente unos a otros, incluso cuando no estamos de acuerdo. Aquellos en nuestro país que dedican sus vidas, o que se ofrecen como voluntarios, para ayudar a otros en tiempos de un desastre natural, a menudo arriesgando mucho ellos mismos, nunca les preguntan a quienes están ayudando por quién votaron en la última elección o cuáles son sus posturas sobre un tema en particular. Cuando seguimos su ejemplo estamos en nuestro mejor momento.

A veces la unidad es sacrificial, de la misma forma en que el amor es sacrificial, es darnos a nosotros mismos por el bien de otro. Jesús de Nazaret, en su Sermón de la Montaña, nos exhorta a amar no solo a nuestros vecinos, sino a amar a nuestros enemigos, y a orar por quienes nos persiguen; a ser misericordiosos, así como nuestro Dios es misericordioso, y a perdonar a otros, así como Dios nos perdona. Jesús se desvivió por darles la bienvenida a aquellos que su sociedad consideraba marginados.

Ahora reconozco que la unidad, en este sentido amplio y expansivo, es aspiracional, y es mucho lo que pedimos en oración: una gran petición a nuestro Dios, digna de lo mejor de lo que somos y podemos ser. Pero no hay mucho que ganar con nuestras oraciones si actuamos de maneras que profundizan y explotan aún más las divisiones entre nosotros. Nuestras Escrituras son bastante claras en que Dios nunca se impresiona con las oraciones cuando las acciones no están guiadas por ellas. Tampoco Dios nos libra de las consecuencias de nuestros actos que, al final, importan más que las palabras que oramos.

Aquellos de nosotros reunidos aquí en esta Catedral no somos ingenuos acerca de las realidades de la política. Cuando el poder, la riqueza y los intereses contrapuestos están en juego; cuando las visiones de lo que América debería ser están en conflicto; cuando hay opiniones fuertes a lo largo de un espectro de posibilidades y entendimientos marcadamente diferentes sobre cuál es el curso correcto de acción, cuando se emitan votos o se tomen decisiones que establezcan el curso de la política pública y la priorización de recursos habrá ganadores y perdedores. No hace falta decir que en una democracia, no todas las esperanzas y sueños particulares de cada quien se volverán realidad en una sesión legislativa, un periodo presidencial o incluso una generación. No todas las oraciones específicas de todos —para quienes somos personas de oración— serán respondidas como nos gustaría. Pero para algunos, la pérdida de sus esperanzas y sueños será mucho más que una derrota política: será una pérdida de igualdad, dignidad y sustento.

Dicho lo anterior, ¿es posible siquiera la verdadera unidad entre nosotros? ¿Y por qué deberíamos preocuparnos por alcanzarla?

Bueno, espero que nos preocupemos, porque la cultura del desprecio que se ha normalizado en nuestro país amenaza con destruirnos.[1] Todos somos bombardeados a diario con mensajes de lo que ahora los sociólogos llaman "el complejo industrial de la indignación",[2] parte de él impulsado por fuerzas externas cuyos intereses se ven favorecidos por una América polarizada. El desprecio alimenta nuestras campañas políticas y las redes sociales, y muchos se benefician de él. Pero esa es una forma peligrosa de liderar un país.

Soy una persona de fe y, con la ayuda de Dios, creo que la unidad en este país es posible —no perfectamente, porque somos personas imperfectas y tenemos una unión imperfecta—, pero lo suficiente como para mantenernos creyendo en los ideales de los Estados Unidos de América y trabajando para alcanzarlos; ideales expresados en la Declaración de Independencia, con su afirmación de la igualdad y dignidad humana innata.

Y tenemos razón al orar por la ayuda de Dios mientras buscamos la unidad, porque necesitamos la ayuda de Dios, pero solo si nosotros mismos estamos dispuestos a cuidar los fundamentos de los cuales depende la unidad. Como la analogía de Jesús de construir una casa de fe sobre la roca de sus enseñanzas, en oposición a construir una casa sobre arena, los fundamentos que necesitamos para la unidad deben ser lo bastante resistentes para soportar las muchas tormentas que la amenazan.

¿Cuáles son los fundamentos de la unidad? Basándome en nuestras tradiciones y textos sagrados, permítanme sugerir que hay al menos tres.

El primer fundamento para la unidad es **honrar la dignidad inherente de cada ser humano**, que es, como lo afirman todas las tradiciones de fe aquí representadas, el derecho de nacimiento de todas las personas como hijos del Único Dios. En el discurso público, honrar la dignidad de cada uno significa negarse a burlarse, descartar o demonizar a aquellos con quienes diferimos, eligiendo en cambio debatir con respeto a través de nuestras diferencias y, siempre que sea posible, buscar puntos en común. Si los puntos en común no son posibles, la dignidad exige que permanezcamos fieles a nuestras convicciones, sin desprecio hacia quienes tienen convicciones propias.

Un segundo fundamento para la unidad es la **honestidad**, tanto en la conversación privada como en el discurso público. Si no estamos dispuestos a ser honestos, no tiene sentido orar por la unidad, porque nuestras acciones van en contra de las oraciones mismas. Podríamos, por un tiempo, experimentar un falso sentido de unidad entre algunos, pero no la unidad más sólida y amplia que necesitamos para abordar los desafíos que enfrentamos.

Ahora, para ser justos, no siempre sabemos dónde se encuentra la verdad, y es asombroso que actualmente hay muchas cosas trabajando en contra de ella. Pero cuando sí sabemos qué es verdad, nos incumbe decirla, incluso cuando —y especialmente cuando— nos cuesta.

Un tercer fundamento para la unidad es la **humildad**, que todos necesitamos, porque todos somos seres humanos falibles. Cometemos errores. Decimos y hacemos cosas de las que nos arrepentimos. Tenemos nuestros puntos ciegos y sesgos, y tal vez somos más peligrosos para nosotros mismos y para otros cuando estamos persuadidos, sin duda, de que tenemos *absolutamente la razón* y alguien más está *absolutamente equivocado.* Porque entonces estamos a solo unos pasos de etiquetarnos como las personas buenas en contra de las personas malas.

La verdad es que todos somos personas capaces tanto del bien como del mal. Aleksandr Solzhenitsyn observó astutamente que "la línea que separa el bien del mal no pasa por los estados, ni entre clases, ni entre partidos políticos, sino directamente por cada corazón humano, y por todos los corazones humanos".[3]

Mientras más nos damos cuenta de esto, más espacio tenemos dentro de nosotros para la humildad, y también apertura hacia los demás a través de nuestras diferencias, porque, de hecho, somos más parecidos unos a otros de lo que creemos, y nos necesitamos mutuamente.

Es relativamente fácil orar por la unidad en momentos de solemnidad. Es mucho más difícil orar por ella cuando estamos lidiando con diferencias reales en el ámbito público. Pero, sin unidad, estamos construyendo la casa de nuestra nación sobre arena.

Con un compromiso hacia la unidad que incorpora la diversidad y trasciende el desacuerdo, y los fundamentos sólidos de dignidad, honestidad y humildad que tal unidad requiere, podemos hacer nuestra parte, en nuestro tiempo, para ayudar a alcanzar los ideales y el sueño de América.

Permítame hacer una súplica final, Señor Presidente. Millones han puesto su confianza en usted. Como le dijo a la nación ayer, usted ha sentido la mano providencial de un Dios amoroso. En el nombre de nuestro Dios, le pido que tenga misericordia de las personas en nuestro país que ahora tienen miedo. Hay niños gays, lesbianas y transgénero en familias republicanas, demócratas e independientes, algunos de los cuales temen por sus vidas.

Y las personas que recogen nuestras cosechas y limpian nuestros edificios de oficinas; que trabajan en nuestras granjas avícolas y plantas procesadoras de carne; que lavan los platos después de que comemos en restaurantes y trabajan en el turno de noche en hospitales: quizá no sean ciudadanos o no tengan la documentación adecuada, pero la gran mayoría de los inmigrantes no son criminales. Pagan impuestos y son buenos vecinos. Son miembros fieles de nuestras iglesias, mezquitas y sinagogas, gurdwaras y templos.

Tenga misericordia, Señor Presidente, de aquellos en nuestras comunidades cuyos hijos temen que sus padres sean apartados de su lado. A quienes huyen de zonas de guerra y persecución en su propia tierra, ayúdelos a encontrar compasión y bienvenida aquí. Nuestro Dios nos enseña que debemos ser misericordiosos con los extranjeros, porque nosotros una vez fuimos extranjeros en esta tierra.

Que Dios nos conceda a todos la fuerza y el valor para honrar la dignidad de cada ser humano, hablar la verdad en amor, y caminar humildemente unos con otros y con nuestro Dios, por el bien de toda la gente de esta nación y del mundo.

21 de enero de 2025
Catedral Nacional de Washington
Reverendísima Mariann Edgar Budde

PREFACIO A LA SEGUNDA EDICIÓN

La ocasión que motivó la segunda edición de *Aprender a ser valiente* es sorprendentemente similar a la que me llevó a escribir el libro en primer lugar.

Nunca ha sido mi intención ni mi deseo ser más conocida por las palabras pronunciadas hacia o sobre el presidente Donald Trump. Como obispa, paso la mayor parte de mi tiempo junto al clero y las congregaciones a mi cargo, lejos de la mirada pública. Sin embargo, todos los cristianos tenemos un papel público, ya que en nuestro bautismo prometemos "luchar por la justicia y la paz, y respetar la dignidad de todo ser humano".[1] Ese papel cobra especial importancia para los miembros de las congregaciones a las que sirvo, debido a nuestra ubicación en la capital de la nación. El primer acto que me convirtió en una figura pública tuvo lugar en la iglesia episcopal de St. John de la Plaza Lafayette, situada justo enfrente de la Casa Blanca. El segundo sucedió en la Catedral Nacional de Washington, que ha sido el lugar de los servicios de oración inaugural presidencial desde la década de 1930.

Escribí por primera vez *Aprender a ser valiente* después de que resonara en todo el mundo mi respuesta al presidente Trump, quien sostuvo una Biblia para una foto mientras estaba de pie frente a St. John's en la Plaza Lafayette.

En junio de 2020, durante los intensos días que siguieron al asesinato de George Floyd en Mineápolis por parte de un agente de policía, se desencadenaron protestas en todo el país. Yo me opuse a la apropiación indebida de símbolos sagrados por parte del presidente —la Biblia y la propia Iglesia— y a la orden de desalojar por la fuerza a cientos de manifestantes pacíficos en el parque de la Plaza Lafayette y así despejar el camino para la foto del presidente.

Mi objetivo al escribir en el libro no era detenerme en ese único momento decisivo, sino más bien ubicarlo en su perspectiva, describiendo a profundidad los muchos momentos decisivos de la vida que nos enseñan a todos a ser valientes.

Cinco años después, el 21 de enero de 2025, pronuncié el sermón en un servicio interreligioso de oración por la nación, celebrado en la Catedral Nacional de Washington, el día después de que Donald Trump regresara a la Casa Blanca como nuestro cuadragésimo séptimo presidente. Después de una temporada de campaña especialmente dolorosa y divisoria, el objetivo de la Catedral era ofrecer oraciones de sanación, pidiéndole a Dios que nos ayudara a unir a nuestro país. En el verano anterior a las elecciones se anunció que, sin importar quién ganara la presidencia, el servicio sería el mismo, y yo, como obispa de la diócesis de Washington, predicaría.

Mi misión estaba clara y tuve mucho tiempo para prepararme. Debía predicar acerca de la unidad. Pero ¿qué es la unidad y cómo se puede lograr? Como líder espiritual, me enfrentaba a un verdadero dilema: cómo hablar y rezar por la unidad cuando, como nación, estamos debilitando activamente los cimientos de los cuales depende la unidad.

Desde una perspectiva política, el presidente Trump y el Partido Republicano tienen todas las razones para suponer un mandato de cambio, ya que obtuvieron el control de cada rama del gobierno federal con una pluralidad de estadounidenses votantes que expresan su apoyo a su agenda. Durante las ceremonias de investidura presidencial, el presidente Trump estuvo rodeado de clérigos que rezaron en acción de gracias porque Dios "le salvó la vida y lo resucitó con fuerza y poder".[2] En su discurso de investidura, el presidente mismo declaró su creencia de que al sobrevivir a la bala de un asesino durante la campaña, "fue salvado por Dios para hacer a América grande de nuevo". Reclamó para sí mismo el manto de unificador y pacificador.

Cuando decidí hablar de los fundamentos necesarios de la unidad nacional, que incluyen honrar la dignidad inherente a todo ser humano, decir la verdad y la humildad surgida de la autoconciencia, intenté abordar, lo más respetuosamente que pude, lo que no se estaba reconociendo: que la creciente cultura del desprecio ha normalizado un discurso degradante, deshumanizador y con frecuencia violento, y amenaza con destruir la sociedad humana, no solo en nuestro país, sino en todo el mundo. Además, millones de personas sencillamente no están incluidas en la visión ascendente de Estados Unidos. Hice un llamado al presidente para que se apiadara de las personas en nuestro país que tenían motivos para estar aterrorizados.

Las respuestas a mis palabras fueron inmediatas, intensas y un reflejo de dónde estamos como nación. No hubo término medio. Algunos exigieron airadamente una disculpa y pidieron mi dimisión, incluso mi expulsión del país. Otros expresaron una gratitud efusiva por mi valentía. Muchos describieron el sermón como profético, un valiente ejemplo de decirle la verdad al poder.

Desde mi perspectiva, aunque el contexto era innegablemente político, hablé desde mi corazón de pastora. Una de las cosas más importantes que aprendemos los clérigos es que a veces, por el bien de la sanación, es necesario abordar al elefante en la habitación. En los funerales, por ejemplo, cuando la tentación es hablar solo de alabanzas, una palabra suave desde el púlpito que reconozca la complejidad de las relaciones humanas brinda espacio para que la gente contenga todas las emociones del dolor, incluyendo la ira o la culpa no resueltas. Asimismo, en las bodas, con todas las presiones que implica reunir a las familias, dar voz amable a los retos del amor permite aceptar las inevitables tensiones y la ansiedad que rodean a una ocasión de gran alegría.

Cuando me preparaba para hablar en este servicio de oración, una de las cuestiones con las que luché fue cómo decir lo que se tenía que decir. Por supuesto, me pregunté qué nos diría Dios en este momento y busqué orientación en nuestros textos sagrados. ¿Cómo podía lanzar una advertencia suave, pero clara, de que las oraciones por la unidad no significan nada si nuestras acciones se basan en el desprecio hacia quienes ven el mundo de forma diferente? Igualmente importante, ¿cómo podría humanizar a las personas descritas con generalizaciones amplias y despectivas y, con toda la calma y el respeto que pudiera reunir, hacer una petición de clemencia?

Aunque la respuesta que suscitó fue extraordinaria, en lo que a sermones se refiere, este fue bastante básico: un intento de aplicar las verdades bíblicas a un momento concreto, con temas espirituales no muy diferentes de los que se predican cada domingo en las iglesias de todo el mundo. La razón principal por la que he decidido permanecer en la escena pública después del 21 de enero de 2025 es dar testimonio de una forma de ser cristiano que reconoce a todos los seres humanos como creados a imagen de Dios y trata de seguir el camino de amor, humildad y compasión de Jesús.

Algunos creen que el sermón fue un momento decisivo para nosotros como pueblo, tanto en Estados Unidos como más allá. Eso está por verse. Para mí, como cristiana, nunca es una opción renunciar a la esperanza. Me atrevo a creer que Dios nunca nos abandonará y que, con la ayuda de Dios, podemos superar los retos que tenemos ante nosotros. Juntos, con la ayuda de Dios, podemos trabajar por el bien en este mundo. Juntos, con la ayuda de Dios, podemos aprender a ser valientes.

PLAZA LAFAYETTE
1 DE JUNIO DE 2020

Soy el presidente de la ley y el orden.
EL CUADRAGÉSIMO QUINTO
PRESIDENTE DE ESTADOS UNIDOS[1]

El lunes 1 de junio de 2020, a las 19:06 horas, el presidente de Estados Unidos cruzó desafiante el parque Lafayette de Washington D. C. —acompañado de un séquito de ayudantes, agentes del Servicio Secreto, su hija Ivanka, el fiscal general y los principales líderes militares de Estados Unidos, incluyendo al secretario de Defensa y el presidente del Estado Mayor Conjunto—[2] para fotografiarse sosteniendo una Biblia frente a la iglesia de St. John, cuya casa parroquial sufrió daños menores durante las protestas de la noche anterior.

El presidente acababa de terminar una conferencia de prensa en la Rosaleda de la Casa Blanca acerca de la importancia de "la ley y el orden", durante la cual amenazó con usar la fuerza militar contra los ciudadanos estadounidenses que se habían unido a las protestas en todo el país, a raíz de la muerte de George Floyd a manos de la policía de Mineápolis.

Para despejar el camino del presidente, el fiscal general ordenó directamente desalojar por la fuerza a todos los manifestantes del parque Lafayette antes del toque de queda anunciado para toda la ciudad a las 19 horas. Mientras los agentes federales dispersaban a los manifestantes con gases lacrimógenos y macanas, el líder del mundo libre cruzó el parque y entró en la plaza situada frente a la histórica iglesia episcopal, construida tras la Guerra de 1812, durante la cual se incendió la Casa Blanca.[3]

A su llegada a la entrada de la "Iglesia de los Presidentes",[4] a la que han asistido todos los magistrados principales desde James Madison, el presidente volteó hacia el banco de cámaras de televisión, sosteniendo una Santa Biblia boca abajo. "Este es un gran país", dijo. Tras tomar algunas fotos más, el presidente se dio la vuelta y se marchó sin hablar con nadie.

A lo largo de esa noche, en entrevistas con periodistas de prensa escrita y televisión, hice acopio de toda la autoridad que podía reclamar como obispa episcopal de Washington. "El presidente Trump no habla en nombre de St. John's", le dije a *The Washington Post*. "Nos desvinculamos de los mensajes de este presidente y nos alineamos con quienes buscan justicia por la muerte de George Floyd e incontables más".

En CNN dije:

> Permítanme ser clara: el presidente acaba de utilizar una Biblia, el texto más sagrado de la tradición judeocristiana, y una de las iglesias de mi diócesis, sin permiso, como telón de fondo de un mensaje antitético a las enseñanzas de Jesús. Todo lo que ha dicho y hecho es para inflamar la violencia. Necesitamos un liderazgo moral, y él ha hecho todo para dividirnos.[5]

Mientras los micrófonos y las cámaras seguían acercándose a mí en los días siguientes, yo repetía una y otra vez: las acciones del presidente fueron un ultraje. Debido a la intensidad del horror y el dolor que tantos sintieron en aquel momento nacional de ajuste de cuentas racial, mis palabras tuvieron una gran repercusión durante un breve periodo. Su significado no tenía que ver con la iglesia de St. John ni conmigo, sino con lo que miles de personas necesitaban escuchar en un momento decisivo para nuestra nación.

INTRODUCCIÓN

Una vez para cada hombre y nación
llega el momento de decidir...
JAMES RUSSELL LOWELL, 1845[1]

Todos queremos ser valientes en los momentos decisivos, ser quien da un paso al frente, se implica y hace lo correcto cuando más importa. Queremos dar lo mejor de nosotros mismos cuando se nos pide, hablar con claridad y convicción en una situación crucial.

Este libro trata de esos momentos decisivos en los que estamos llamados a actuar con valentía y, para nuestro propio asombro, lo hacemos.

Aunque las circunstancias más dramáticas parecen tomarnos por sorpresa, si miramos a través de la lente más amplia de nuestra vida, podemos ver que los actos de valentía que nos asombran incluso a nosotros mismos no son hechos aislados. En este libro, examino la vida a través de esa lente más amplia con la esperanza de que tú, lector, te des cuenta de que tienes toda la materia prima que necesitas para vivir con valentía y propósito tus momentos decisivos, y todas las situaciones que los preceden y los siguen.

Los momentos decisivos marcan acontecimientos. Destacan en nuestra memoria y son lo que los demás suelen recordar de nosotros.

Sentimos una descarga de adrenalina que nos vuelve muy conscientes de lo que está pasando. Nos sentimos vivos; tanto, que el resto de nuestra vida puede parecer aburrido y poco inspirado en comparación. Sin embargo, los momentos decisivos casi siempre son precedidos por temporadas de preparación, y los sigue una temporada igualmente importante de alineación, en la que aprendemos a vivir de acuerdo con lo que estos nos revelaron, aclararon o pusieron en marcha. La manera en que nos preparamos para ellos determina nuestra capacidad para enfrentarlos cuando llegan, y la forma en que vivimos a la luz de nuestros momentos decisivos es, al final, lo que determina su importancia.

He experimentado muchos en mi vida, pero pocos tan públicos como lo que ocurrió el 1 de junio de 2020. Para ser sincera, no tuve tiempo de pensar. Impulsada por colegas de la iglesia, que estaban horrorizados al ver por televisión en vivo que el presidente caminaba hacia la iglesia de St. John, llenando mi teléfono con mensajes de texto, logré encontrar mi voz y hablar.

Las acciones del presidente tocaron un nervio social, al igual que el hecho de que yo hablara en contra de ellas. A otros les pareció que estaba siendo muy valiente. En realidad, me sentí más bien convocada a ocupar mi lugar junto a otros valientes. Había que decir algo, no solo sobre ese suceso presidencial, sino sobre la coyuntura en la que nos encontrábamos como nación, de luto por el asesinato de George Floyd, viendo cómo las multitudes se agolpaban en las calles de ciudades de todo el país y enfrentando una vez más la necesidad de un ajuste de cuentas racial. Gracias a mi posición, tuve la oportunidad de hablar y ser escuchada.

La capacidad de responder en una circunstancia así no cae del cielo, y su importancia no se mide por la cobertura mediática de una semana. Momentos como este vienen precedidos de temporadas de preparación, práctica e intención, de la toma de incontables decisiones cotidianas que determinan nuestra capacidad de ser valientes cuando se nos llama o cuando se nos convoca, no por nuestra propia elección. Su significado último está determinado por cómo vivamos después de que pase el momento.

El momento más decisivo para mí en esa dramática semana tuvo lugar unos días después de la infame sesión fotográfica del presidente Trump. Estaba de vuelta en lo que ahora se llama Black Lives Matter Plaza, frente a la iglesia de St. John, escuchando las palabras del reverendo Dr. William J. Barber II. El obispo Barber es copresidente de la Campaña de los Pobres, un amplio esfuerzo por movilizar a las personas de bajos ingresos de todas las razas y a sus aliados para crear una sociedad más justa. El obispo Barber miró a la maravillosa multitud multirracial e intergeneracional reunida ese domingo por la tarde y dijo: "Que nadie les diga que es la primera vez que personas de diferentes razas, clases y niveles educativos se reúnen para luchar por una causa común. La coalición de fieles siempre ha sido la que ha logrado el cambio en este país: negros, blancos y morenos; ricos y pobres; jóvenes y viejos. Todos son necesarios; todos tienen un papel que desempeñar y una ofrenda que hacer".[2]

Mientras él hablaba, el peso que yo estuve cargando toda la semana se me cayó de los hombros y, en ese instante, supe cuál era mi lugar en la lucha más amplia por la justicia. Me escuché decirle a Dios y al universo: "Quiero estar entre la coalición de los fieles. Quiero estar entre quienes trabajan por el cambio que necesitamos ahora". Esa es la decisión con la que tengo que alinear mi vida cada día. No era un pensamiento nuevo para mí, pero lo sentí de una manera nueva. No siempre arderá en mi corazón como ardió esa semana, pero no quiero olvidarlo. Como todo el mundo, necesito gracia, valor y perseverancia para ser fiel a mi momento decisivo cuando la pasión se desvanece.

Por muy determinante que fuera esa semana para muchos de nosotros como estadounidenses, y una serie de acontecimientos que nos marcaron como nación, sería un error concluir que todos los momentos decisivos son igual de públicos. De hecho, la mayoría nunca aparecen en las noticias. Es muy importante no acostumbrarse a ser el centro de atención de la audiencia en esos casos y confundir la atención efímera de los demás con el tipo de cambio que nuestros momentos decisivos nos invitan a aceptar. La mayoría de estos son personales, algunos son privados, pero todos dan forma a nuestra vida y nos convierten en la persona que somos y en quien Dios nos llama a convertirnos.

Los momentos decisivos implican una elección consciente, que imprime su importancia en nosotros conforme los experimentamos, porque sabemos que estamos eligiendo un camino específico de consecuencias potenciales. En un momento decisivo, sin importar cómo hayamos llegado a él, ya no nos vemos como víctimas de las piedras y flechas de la fortuna o el destino, sino como seres con capacidad de acción. No estamos en piloto automático, no estamos comprometidos a medias. Somos, como se suele decir, artífices de nuestro destino y cocreadores con Dios. Como lo sugiere la palabra misma, en un momento *decisivo, decidimos.*

Este libro explora una serie de momentos decisivos que experimentamos en la vida para comprender mejor su significado, aprender lo que tienen que enseñarnos y discernir cómo vivir de acuerdo con la luz que nos brindan. Como persona de fe, yo veo a Dios actuando en esos momentos y en todos aquellos que los preceden y los siguen. Basándome en ejemplos de mi propia vida, las Escrituras, la historia y la cultura, espero subrayar la universalidad de estas experiencias, así como el llamado particular al que cada uno de nosotros debe responder cuando llegan nuestros momentos decisivos.

Estoy convencida de que todos tenemos la capacidad de vivir dentro de una narrativa de gran aventura, sin importar nuestras circunstancias vitales. El valor de ser valiente cuando más importa requiere toda una vida de pequeñas decisiones que nos ponen en el camino de la autoconciencia, la atención y la voluntad de arriesgarnos a fracasar por lo que creemos que es correcto. También es una experiencia profundamente espiritual, en la que nos sentimos parte de algo más grande que nosotros y guiados, de alguna forma, por un Espíritu más grande que actúa en el mundo y en nosotros. Los momentos decisivos a todos nos convierten en creyentes, porque, sea cual sea el nombre que le demos, la experiencia inexplicable e inmerecida de un poder superior que actúa a través de nosotros es real. La audaz verdad es que sí importamos en la realización de todo lo que es bueno, noble y verdadero. Quiero ampliar nuestra noción de lo que constituye un momento decisivo, porque se presentan de muchas formas y requieren una amplia gama de decisiones, también decisivas, aunque diferentes en cuanto a su energía y resultado.

En estas páginas, también les rindo homenaje a los largos periodos de la vida en los que parece que no sucede nada crucial y exploro lo que pasa después de un momento decisivo, cuando vivimos las implicaciones de las decisiones que nos encaminan hacia un rumbo específico. Esto incluye la aceptación de la experiencia del vacío, totalmente predecible e inquietante a nivel emocional, cuando pasa el momento decisivo. Es entonces cuando aprendemos a situar la intensidad de un momento dado en el arco de toda una vida y a confiar en que la mayor parte de la existencia se vive en pequeños actos de lealtad. Solo entonces podremos cultivar la virtud oculta de la perseverancia para seguir adelante cuando las cosas se pongan difíciles.

Cada momento de la vida es, de alguna forma, decisivo y forma parte de la única vida que se nos ha dado. Reconocer el flujo y reflujo de la existencia nos ayuda a prepararnos para esos momentos cuando algo importante está en juego. Las Escrituras nos enseñan que "para todo hay un tiempo, y un tiempo para cada cosa bajo el cielo".[3] Hace falta valor para aceptar la vida que se nos ha dado y vivirla con plenitud.

En el primer capítulo exploro lo que quizá sea el momento decisivo más dramático y visible, cuando *decidimos irnos*, dejar un lugar o forma de ser nosotros mismos, y avanzar hacia otro. Este es el tema del viaje heroico y la autodiferenciación. En el capítulo dos, me desplazo al extremo opuesto del espectro experiencial para explorar el momento, igualmente heroico, pero desapercibido, en el que *decidimos quedarnos*, en el que optamos por profundizar en los compromisos que hemos adquirido. El capítulo tres se centra en el momento en que *decidimos empezar* un largo proceso o viaje hacia una visión que tardaremos años en alcanzar. Cualquiera que sea la visión que se nos haya dado nos impulsa a empezar, a dar los primeros pasos, y nos ayuda a seguir adelante hacia la realización de un sueño.

En el capítulo cuatro, me ocupo de los momentos decisivos que nacen del sufrimiento, cuando *decidimos aceptar lo que no elegimos* y experimentamos la transformación personal a través del amor sacrificial. El capítulo cinco explora los momentos que parece que llegan sin previo aviso, como una oportunidad o un llamado, y decidimos *asumir el reto*, sin importar si nos sentimos preparados para ese momento o no. Los capítulos seis y siete abordan el terreno emocional que rodea nuestros momentos decisivos: la *inevitable decepción* que sigue y la *importancia de la perseverancia*. De hecho, sin perseverancia, nuestros momentos decisivos tendrían poco poder transformador.

Algunos de nuestros momentos decisivos requieren acción; otros, aceptación. Algunos son dramáticos y están a la vista de todo el mundo; otros son internos, y solo los conocemos nosotros mismos y Dios. En última instancia, lo que quiero transmitir en estas páginas es que las posibilidades heroicas están dentro de cada uno de nosotros; que la experiencia inexplicable e inmerecida del poder de Dios obrando a través de nosotros es real; y que sí importamos en la realización de todo lo que es bueno, noble y verdadero. Podemos aprender a ser valientes.

CAPÍTULO 1

Decidir partir

El Señor le dijo a Abram: "Vete de tu tierra,
de tu familia y de la casa de tu padre
a la tierra que te mostraré".
GÉNESIS 12:1

Aprendemos quiénes somos y cuál es nuestro lugar en el mundo por medio de historias. No hay ninguna más familiar o querida que el viaje del héroe, la historia de alguien que con valentía decide adentrarse en lo desconocido. Es una narración universal, que atraviesa épocas y culturas.[1] Sin embargo, como observó una vez el escritor espiritual Henri Nouwen: "Lo más personal es lo más universal, lo más oculto es lo más público y lo más solitario es lo más comunitario".[2] Al escuchar el valiente viaje de otra persona, no podemos evitar pensar en el nuestro.

Cuando somos nosotros quienes sentimos el llamado a partir, la experiencia sella nuestra conciencia, marcando un momento definitivo en la historia de nuestra vida. Es comprensible que dudemos, porque la decisión de partir necesariamente implica dejar un lugar por otro, abandonar relaciones familiares por otros vínculos desconocidos, todo ello al servicio de una enorme tarea que solo nosotros podemos llevar a cabo. Los riesgos son muchos y el costo es elevado. Sin embargo, de alguna manera, estamos convencidos de que ese sacrificio personal es necesario para cumplir un destino que está más allá de nuestra visión.

El viaje comienza mucho antes de dar el primer paso, con una conmoción interior, un acontecimiento detonante o una invitación que nos toma por sorpresa. Nos sentimos convocados a ir más allá de las fronteras de la vida tal como la conocemos. Casi siempre hay resistencia, si no de nosotros mismos, de quienes quieren que nos quedemos donde estamos. La disposición total es rara. Como los polluelos que necesitan que los empujen fuera del nido, con frecuencia no sabemos que tenemos alas hasta que nos vemos obligados a volar.

Cuando estaba en primero de preparatoria, mi vida familiar se vino abajo. Para empezar, yo nunca había sido fuerte, y una parte de mí sabía que la caída se avecinaba. Pero había aprendido a compartimentar mis emociones y a mantener a raya la sensación de pavor que me invadía. Me había acostumbrado a la ansiedad constante por el dinero, a la falta de afecto y a las peleas habituales, seguidas de periodos de inquietante tranquilidad que me permitían concentrar mis energías en otra cosa.

Entonces llegó el día en que mi padre me pidió que habláramos en privado para decirme que iba a dejar a mi madrastra. Me dijo que yo podía irme con él y estoy segura de que esperaba que le dijera que sí. No mencionó a mi hermanastro pequeño, Jim, que entonces solo tenía ocho años. No me sorprendió. En la guerra casi silenciosa entre nuestros padres, nuestro padre me consideraba su aliada, mientras que mi madrastra reclamaba a su hijo con ferocidad. Asumiendo mi complicidad con él, me pidió que mantuviera su plan entre nosotros. Acepté a regañadientes, sin saber que ya le había llamado a una empresa de mudanzas. Mi madrastra se enteraría de su decisión unos días más tarde, cuando regresara del trabajo y se encontrara la casa medio vacía.

No recuerdo cómo se lo dije, pero de ninguna manera iba a ir sola con mi padre a ninguna parte. En ese entonces no sabía lo que era la depresión clínica ni el alcoholismo, pero vi sus manifestaciones en él. Su sentido de la intimidad conmigo era pura fantasía y bastante aterrador. Quedarme con mi madrastra tampoco era una opción, aunque creo que ella también imaginaba que me quedaría con ella. Pero yo había pasado la mayor parte de mi vida temiendo su desprecio. A los diecisiete años ya había dejado de intentar complacerla, lo que no aumentó su afecto por mí, aunque logramos tener una convivencia casi pacífica. Cuando le dije que no iba a quedarme con ella, insistió en que me mudara de inmediato de ahí, lo cual me pareció bien. La perspectiva de liberarme de vivir bajo su techo eclipsó el pesar que sentía ante la perspectiva de abandonar a mi hermano.

Sabía que tenía que irme, y sabía a dónde.

Mi madre vivía en Nueva Jersey, donde nos crio a mi hermana mayor, Christine, y a mí hasta que nos fuimos a vivir con nuestro padre y madrastra a Colorado. La historia del divorcio de nuestros padres cuando yo era una bebé y la posterior batalla por la custodia cuando yo tenía once años es dolorosa y caótica. En esta última, yo desempeñé un papel importante en el dolor y en el desorden. Cuando nuestro padre intentó obtener la custodia de Christine, no me quise quedar atrás. Cuando nos reunimos con el juez de familia en su oficina, ella permaneció inusualmente callada, mientras yo exageraba las historias de nuestra vida en Nueva Jersey, pensando en que eso complacería a nuestro padre. De hecho, se alegró cuando el juez le concedió la custodia de las dos, y citó lo que yo le dije como un factor determinante en su decisión. Nuestra madre estaba destrozada, como lo estuvo años antes por el divorcio.

Mirando hacia atrás, me asombra mi capacidad de crueldad. ¿Por qué dije esas cosas para herir a nuestra madre? Sabía que ella nos quería. Lo que recuerdo fue el pánico que sentí cuando Christine habló de mudarse a Colorado. Yo estaba cansada de mirar por las ventanas de otras familias, preguntándome cómo sería pertenecer a ellas. Nuestra madre se ausentaba mucho, trabajaba tiempo completo y había vuelto a estudiar para acreditarse en su campo de fisioterapia. Solo más tarde me di cuenta de lo centrada que estaba en nuestra supervivencia y de lo sola que estaba en su dolor. Era una época en la que todos mis amigos parecían tener familias intactas, y yo odiaba la palabra que apenas entendía y siempre tenía que explicar: *divorciados*. Nuestro padre, nuestra madrastra y nuestro nuevo hermanito parecían ofrecer la normalidad que yo ansiaba.

Era una ilusión. Desde el principio, nuestra estancia en Colorado fue difícil. En pocos meses, la vida de Christine se descontroló y, tras dos años tumultuosos, se fue de casa para siempre. Nuestro padre probó suerte en varios negocios y fracasó en todos, hasta que llegó a declararse en bancarrota y consolarse con bourbon, mientras nuestra madrastra intentaba con frenesí llegar a fin de mes y proteger a su hijo. Su matrimonio se deterioró.

Al final de mi segundo año de preparatoria, me había desvinculado del drama y había creado una familia alternativa con un pequeño círculo de amigos. Ellos eran cristianos y, para mi asombro silencioso, yo también lo era. Juntos asistíamos a Young Life, un grupo de adolescentes cristianos que se reunía una vez a la semana en casa de nuestro profesor de música. Por invitación de ese profesor, nos unimos a un coro itinerante, y algunos empezamos a asistir a la iglesia que lo patrocinaba. Fuera de la familia, la vida seguía mejorando. El chico que vivía calle arriba, al que había adorado en secreto, por fin se fijó en mí. Descubrí otro hogar en el departamento de música de la preparatoria y, en otoño de mi penúltimo año, me eligieron para interpretar a Nellie Cohan en la producción de *George M*. Por fin sabía lo que era pertenecer.

Cuando mi familia de Colorado se derrumbó, se me rompió el corazón al pensar en dejar todo lo que daba sentido y alegría a mi vida. Estaba agradecida por tener una madre a la cual volver; sin embargo, me sentía como al borde de un precipicio. Sentía el peso de la decisión que estaba tomando y que era mía. Al mismo tiempo, tenía la sensación de que la decisión se tomaba por mí. Sin embargo, quien tomaba la decisión no era ninguna de las figuras de autoridad de mi vida. La mayoría de ellas querían ayudarme a terminar la preparatoria en Colorado, incluyendo al pastor de mi iglesia y su esposa, que me invitaron a vivir con ellos. Fue la primera vez que recuerdo haber escuchado lo que he llegado a identificar como la voz de Dios hablándole directo a mi corazón, a pesar de que mi corazón deseaba con desesperación escuchar una palabra diferente.

Me fui en mis propios términos. Eso significaba quedarme en Colorado el tiempo suficiente para actuar en el musical y despedirme de mis amigos, algunos de los cuales habían empezado su primer año de universidad. Acepté la invitación del pastor y me mudé con su familia por dos meses, y la experiencia fue la educación de toda una vida. Logré terminar el semestre de otoño.

El tiempo se acabó antes de que estuviera lista. El musical había terminado. Mis amigos y yo pasamos nuestros últimos días jurándonos una lealtad que yo sabía que no duraría. Cuando me despedí de mi madrastra y mi hermano, Jim no me miró ni me dejó abrazarlo.

Mi padre me invitó a cenar en el sótano de su casa y comimos su especialidad de entonces: macarrones con queso Velveeta y hot dogs. La noche anterior a mi vuelo, mi novio y yo nos sentamos uno frente al otro en un restaurante que ninguno de los dos podía pagar e intentamos ser optimistas. Por la mañana, mis amigos me llevaron al aeropuerto. Me acompañaron a la puerta de embarque y a la pista, me dieron un ramo de flores y se despidieron mientras subía las escaleras del avión. Desde mi asiento en ventanilla, los vi alejarse y luego lloré todo el trayecto hasta Nueva Jersey.

En ese entonces yo no conocía la definición de valor de Eleanor Roosevelt: *hacer lo que crees que no puedes hacer.* Pero eso es lo que hice, sin hacerme ilusiones de que lo que me esperaba sería fácil. Me sentí completamente sola y a la vez acompañada, guiada en esa decisión que no era exactamente mía, pero que, sin embargo, elegí. Me sentí como si me hubieran amputado una parte de mi vida para sobrevivir.

Regresar a vivir con mi madre exigiría algún tipo de ajuste de cuentas. Aunque mi pastor en Colorado temía que "reincidiera" si volvía a la Iglesia episcopal de mi infancia, yo no tenía esa preocupación. De hecho, me sentía aliviada por haberme liberado de una versión del cristianismo que cada día cuestionaba más en secreto.

Mirando hacia atrás, es fácil ver cómo lo que parecía una decisión singular y dramática ya se había estado gestando desde hacía algún tiempo. En ese momento crítico, el laborioso proceso de separarme emocionalmente de mi padre y mi madrastra me permitió defenderme por mí misma. El afecto genuino que experimenté entre mis amigos fue sanador y alentador, pero sabía que no pertenecía con ellos de forma permanente.

Era igualmente importante que mi madre se había convertido en una fuente constante de apoyo. Desde el principio de nuestra separación, al principio de los años de secundaria, me llamaba por teléfono todos los domingos por la noche. Durante años, nuestras conversaciones fueron breves e incómodas, pero ella persistió en su amor. Me di cuenta de que cada vez estaba más segura de sí misma, más relajada y anclada en su profesión y en su fe. Se había involucrado más en la Iglesia episcopal a la que habíamos asistido juntas, y ahí encontró inspiración y comunidad. No recuerdo cómo le pregunté si podía volver con ella, solo que, cuando surgió el tema, se resolvió fácilmente entre nosotras.

Al final, lo que más me preparó para este momento decisivo fue la creciente tensión que sentía con respecto a la fe cristiana. Nunca dudé de la realidad de Dios ni de la presencia de Jesús en mi vida. No cuestioné la sinceridad de la gente de mi iglesia. Eran amables, cariñosos y dedicados a su Señor. Con lo que yo luchaba era la rigidez de su sistema de creencias y su certeza de que el amor incondicional de Dios solo se extendía a quienes aceptaban a Jesús como su salvador personal, de la forma precisa en que ellos lo hacían. No había lugar para la desviación de la experiencia o la diferencia de entendimiento. Tampoco había lugar para reconocer las continuas luchas del pecado humano y la fragilidad que persistían después de ser salvados. Por supuesto, no había lugar para la duda.

No estoy segura de cómo habría resuelto esa tensión si me hubiera quedado en Colorado. Al igual que con mi familia, me sentía cada vez más en desacuerdo con las autoridades espirituales de mi vida. Me parecía que abandonar la Iglesia que me había nutrido era un acto de rebelión, pero sabía que estaba siendo fiel a Dios de una forma que no había experimentado antes. La disonancia no se me escapaba. No sentía ninguna necesidad de juzgar o criticar a mi Iglesia, pero sabía que yo no encajaba en su mundo. Estaba agradecida por lo que me habían dado, pero rechazaba en silencio la mayor parte de lo que enseñaban. Fue la primera vez que me di cuenta de que una relación con Dios no se define por creencias "correctas", sino por la voluntad de confiar y dar un paso adelante en la fe. Sin darme cuenta, dejé Colorado para ir en busca de una comprensión más amplia de Dios. La gracia quiso que encontrara lo que no sabía que buscaba en la Iglesia episcopal de mi infancia.

Han pasado más de cuarenta años desde que subí a ese avión en Colorado. En pequeños y grandes aspectos, soy quien soy hoy en gran parte porque encontré dentro de mí, o me dieron, el valor para irme. Partir me permitió disfrutar de la estabilidad de unos padres cariñosos; explorar y profundizar una vida de fe en el contexto de un cristianismo generoso y expresivo; y abrirme camino en el mundo, tropezando mientras avanzaba, armada con una experiencia ardiente de lo que se siente confiar en los impulsos de mi alma.

No todo lo que resultó de esa decisión fue positivo. Abandoné a mi hermano pequeño y le hice promesas que no pude cumplir, de las cuales nuestra relación nunca se recuperó del todo. Hubo otras heridas de esa época que tardaron años en cicatrizar. He aprendido que toda decisión, incluso la más positiva para la vida, conlleva el peso de consecuencias adversas. Todo lo que sabía en ese entonces era que había razones más allá de mi comprensión para irme, y que mi vida dependía de dar los primeros pasos hacia un futuro que aún no podía ver.

Recuerdo como si fuera ayer cada emoción, pensamiento y sensación física. Aunque he tenido otras experiencias significativas, esta es la que ha quedado grabada en mi psique. Dejar la vida que tanto me había costado construir sigue siendo mi punto de referencia de lo que es un momento decisivo. Cuando me piden que hable de esos momentos, como me ocurrió en el verano de 2020 durante el covid-19, siempre es el primero que me viene a la mente.

Cuatro meses después del confinamiento por pandemia, el rabino Bruce Lustig, de la Congregación Hebrea de Washington, me invitó a formar parte de un panel interreligioso virtual con el autor Bruce Feiler. Debatiríamos acerca del libro más reciente de Feiler, *Life Is in the Transitions: Mastering Change at Any Age (Transiciones. ¿Cómo sobrellevar los cambios de la vida?).*[*3] Lo había leído y admiraba su trabajo, así que con gusto acepté.

La tesis de Feiler es sencilla: las transiciones vitales para nada son tan lineales o predecibles como suelen describirlas la psicología moderna y los libros de autoayuda. Llegan en cualquier momento, casi siempre cuando menos lo esperamos, y aprendemos a tomarlas con calma. Lo que él llama un "terremoto vital" es una transición de tal magnitud que cambia nuestro sentido, propósito o dirección de manera fundamental. A lo largo de la vida, podemos sufrir docenas de transiciones, pero solo unas cuantas alcanzan la intensidad de un terremoto vital. Durante un terremoto vital, somos plenamente conscientes de que algo grande está sucediendo, pero nos toma tiempo comprender y aceptar que ya no hay vuelta atrás.

Todos los participantes en la mesa redonda nos maravillamos ante la clarividencia del libro de Feiler acerca de navegar por el cambio, publicado al inicio de una pandemia mundial, una crisis económica y un ajuste de cuentas de la sociedad con el racismo. Reflexionamos sobre todo lo que había sucedido en tan poco tiempo y sobre el futuro incierto que nos esperaba. En medio del dolor y la pérdida, nos animó la resistencia del espíritu humano e hicimos referencia a nuestras respectivas tradiciones religiosas como fuentes de sabiduría y fortaleza.

***N de E:** Los títulos de libros, programas o podcast que tienen traducción al español aparecen entre paréntesis en cursivas para quienes deseen buscarlos. Aquellos que no, simplemente aparecen con una propuesta de traducción literal sin cursivas.

Para terminar, Feiler nos pidió a cada uno que habláramos de un terremoto de nuestra vida en el pasado. Hubo un largo silencio. Respiré. Yo fui la primera y conté la historia de cómo a los diecisiete años me sentí llamada a dejar la vida que amaba. En cuanto empecé a hablar, deseé haber pensado en un ejemplo más adulto para compartir entre líderes tan experimentados. Pero cuando terminé, otro panelista narró una historia de adolescencia en la que "decidió irse". Y luego otra. Y otra más. La mía no fue la única voz titubeante.

Una de las personas que habló esa noche fue el imán Mohamed Magid, imán ejecutivo del centro All Dulles Area Muslim Society (ADAMS) en Sterling, Virginia. El imán Magid es un líder reconocido a nivel internacional en el mundo musulmán y una voz respetada en los esfuerzos interreligiosos para contrarrestar el extremismo religioso en la región de Washington D. C. El imán habló de cómo fue para él llegar a Estados Unidos de joven con su padre, un renombrado líder religioso de Sudán, que necesitaba atención médica urgente. El joven Mohamed estaba asombrado por los médicos que conoció. "Algunos eran judíos", dijo. "Otros eran cristianos. ¡Y no les importaba que mi padre fuera musulmán! Lo cuidaban como si fuera su propio padre". Ver tanta amabilidad y preocupación por parte de quienes, según lo habían educado, debía temer y desconfiar, lo llevó a su vocación y a su compromiso con el entendimiento interreligioso y la tolerancia religiosa.

El último panelista en intervenir fue mi colega y amigo, el rabino Lustig, rabino principal de la Congregación Hebrea de Washington. Nos narró una experiencia formativa impulsada por la decisión de estudiar en Israel. Siempre había tenido dificultades académicas, y se las había arreglado para pasar de curso gracias a su ingenio y encanto. En Israel, Bruce ya no podía esconderse. Allí le diagnosticaron dislexia grave, un golpe devastador para él, pues temía que su discapacidad expuesta le impidiera realizar su sueño de ser rabino. Uno de sus profesores en Israel, tartamudo de toda la vida, le prometió que lo ayudaría. "Ahora soy el rabino", dice Bruce, "que siempre se asegura de que los niños discapacitados puedan celebrar su bat o bar mitzvah".

Al día siguiente, Bruce Feiler nos envió un correo electrónico para darnos las gracias. "Me sorprendió en especial la similitud de sus respuestas sobre los momentos cruciales de su juventud y vocación. Uno tras otro, describieron una experiencia decisiva en su juventud, relacionada con la familia y la vocación. La similitud colectiva afectó a cada uno de los oyentes".

Juntos también dimos testimonio de una lección incluida en las historias de nuestra tradición bíblica común, que los avances en la vida y la fe pueden producirse cuando renunciamos a lo que nos es familiar y vamos hacia lo desconocido. Representamos a las tres religiones del mundo que reclaman a Abraham, un líder tribal nómada del mundo antiguo, como su antepasado espiritual. Hace más de cuatro mil años, Abraham escuchó una voz interior que le decía que abandonara su hogar y se estableciera en una nueva tierra. Ahí se convertiría en el padre de una nación. Su historia es tan importante para el judaísmo, el cristianismo y el islam, que se conocen como las religiones abrahámicas.

La narración bíblica comienza en el Génesis con historias arquetípicas de cómo Dios creó el universo y de la caída en desgracia de la humanidad. Adán y Eva, el arca de Noé, Caín y Abel, la Torre de Babel... todos ellos tienen una perspectiva universal, para todos los pueblos de la tierra. Luego, en el capítulo 12 del Génesis, el foco de atención se desplaza bruscamente a una pareja, Abraham y Sara, cuyo viaje marca el nacimiento de un nuevo pueblo llamado y apartado por Dios.

Sobre Abraham y Sara, el académico bíblico Walter Brueggemann escribe: "El que llama a los mundos a la existencia hace ahora un segundo llamado. El llamado es específico, dirigido al anciano Abraham y a la estéril Sara. El propósito del llamado es crear una comunidad alternativa en un mundo que se ha desviado, encarnar el poder de la bendición en la historia humana".[4] El momento decisivo es la respuesta de Abraham y Sara, sobre la cual el relato bíblico no puede ser más sucinto:

> *El Señor le dijo a Abram: "Vete de tu tierra, de tu familia y de la casa de tu padre a la tierra que te mostraré. Haré de ti una gran nación, te bendeciré y engrandeceré tu nombre para que seas una bendición. Bendeciré a quienes te bendigan... y en ti serán bendecidas todas las familias de la tierra".* Así que Abram se fue, como el Señor le había dicho *[énfasis añadido]*.[5]

No hay ninguna descripción de agitación interior o duda, ninguna lucha con ángeles o demonios, ninguna discusión con Dios. Abram, anciano y sin hijos, a quien más tarde se le daría el nombre de Abraham, tiene una visión que implica tener hijos, una promesa tan extravagante que Sara se ríe con incredulidad cuando la escucha por sí misma.[6]

Dada la descripción práctica de la decisión de Abraham y Sara de partir, es fácil pasar por alto su significado. Abraham simplemente hace lo que el Señor le ordena. Pero como observa Bruce Feiler en un libro anterior dedicado a Abraham: "Abraham no cree en Dios; le *cree* a Dios. No pide pruebas; él provee las pruebas".[7]

Su viaje da giros y vueltas debido a la fragilidad humana y los conflictos políticos. Tanto Abraham como Sara toman decisiones terribles y perjudican a sus más cercanos. Sin embargo, sus errores y faltas morales no niegan la promesa de Dios ni disminuyen la importancia de ese primer momento decisivo cuando dijeron sí. En el llamado, Dios tiene en cuenta su humanidad.

Nunca nos sentimos más vivos que cuando, como Abraham y Sara, damos un salto de fe. Su historia puede servirnos como modelo espiritual para ayudarnos a confiar en esas raras experiencias de claridad cuando llegan. El hecho de que el texto no nos diga qué sintieron Abraham y Sara nos recuerda que, en los momentos decisivos, nuestros sentimientos —o los de cualquier otra persona— son sorprendentemente irrelevantes. Lo que importa es si decidimos escuchar el llamado.

Decidir irse es el primer paso de nuestro propio viaje del héroe. Joseph Campbell, especialista en religiones comparadas cuyo trabajo popularizó la frase, nos asegura que el viaje del héroe no está destinado solo a unos pocos. "Los héroes tienen mil caras",[8] escribe, y una de ellas es la nuestra. Sin embargo, muchas son las razones para quedarse porque la pérdida que supone irse es muy grande. En el lenguaje religioso más fuerte posible para describir lo que está en juego, Campbell escribe: "Evolucionar desde una posición de inmadurez psicológica hacia el valor de la responsabilidad y la seguridad sobre uno mismo requiere una muerte y una resurrección".[9] Una parte de nosotros muere en el camino, porque debemos renunciar a una versión anterior de nosotros mismos para convertirnos en la persona que nos espera del otro lado.

En las historias clásicas de madurez, por lo regular se da el primer paso en respuesta a situaciones que escapan al control del héroe. Pensemos en Dorothy en *El mago de Oz*, que fue expulsada de Kansas por un tornado. Al principio, la mayoría de los jóvenes héroes se resisten al llamado y solo aceptan a regañadientes después. En *El Señor de los Anillos*, Frodo desea que el malvado Anillo Único nunca hubiera llegado hasta sus manos. A veces, el viaje comienza con la liberación, como le pasa a Harry Potter, que se libra de las miserias de Privet Drive [4] cuando aborda el tren con destino a Hogwarts. A lo largo del camino, nuestros héroes conocen a mentores significativos, cruzan umbrales importantes, experimentan grandes pruebas y tienen al menos una crisis transformadora. A veces parten hacia nuevas tierras, mientras que otras regresan a casa con sabiduría que compartir. El viaje del héroe es intensamente personal, el fundamento de una vida vivida de manera distinta y significativa, y de importancia comunitaria, ya que el llamado nunca es para uno mismo. Los efectos de una vida valiente y fiel resuenan a través del tiempo y el espacio.

Es comprensible que las primeras decisiones de irse, normalmente en la adolescencia o en la edad adulta temprana, destaquen en nuestra memoria como marcadores críticos en el trabajo interno de formación de la identidad y la diferenciación de uno mismo. Sin embargo, su importancia aumenta con el tiempo, ya que se convierten en nuestro arquetipo personal, el patrón reconocible de lo que nos sucede cuando volvemos a recibir el llamado de partir, como pasa a lo largo de toda la vida. El viaje heroico nos llama más de una vez.

Cuando era relativamente nueva en mi vocación, entablé una conversación con otro sacerdote episcopal que trabajaba como director de un campamento y centro de retiros. Parecía mucho mayor que yo y estaba satisfecho con su vida. Sin embargo, mientras hablábamos, me enteré de que iba a dejar su puesto para convertirse en consejero de un programa residencial para delincuentes adolescentes. La alegría y la emoción en su voz eran palpables cuando dijo algo que nunca he olvidado: "Siento como si me hubiera estado preparando toda la vida para este trabajo".

En una sola frase me dijo muchas cosas, ciertamente sobre su pasión y su repertorio de dones, y tal vez sobre su propia adolescencia. Su nuevo puesto no era un escalón en una escala de ascenso profesional; de hecho, tenía más en común con lo que Henri Nouwen denominaba "movilidad descendente".[10] Pero algo se agitó en mi interior mientras este experimentado sacerdote hablaba. Qué emocionante sería tener tal sentido del propósito, tal unión de defectos y fuerza, sufrimiento y resistencia. Sabía que no hay forma de fingir ese tipo de claridad ni de obviar años de trabajo duro para llegar a ella. Requeriría toda una vida de pasos fieles, de responder a un llamado y luego a otro y luego a otro, hasta que por gracia uno llega al tipo de integración y oportunidad que se resume en las palabras *Me he estado preparando toda mi vida para esto.*

En 1943, llegó ese momento para el pastor y educador estadounidense de raza negra Howard Thurman, cuando fue invitado a ir a San Francisco para codirigir una comunidad cristiana interracial de reciente creación. Como escribiría más tarde, la invitación "encendió en mi mente la *posibilidad* de que esta fuera *la* oportunidad a la que mi vida se había encaminado".[11]

Thurman fue uno de los primeros negros estadounidenses en cruzar la línea del color en diversas instituciones religiosas y académicas en la época de Jim Crow. Era un predicador muy solicitado tanto en iglesias negras como blancas y un ponente frecuente en conferencias religiosas, aunque a menudo le negaban hospedarse en los hoteles donde estas se celebraban. Con los años, se impacientó cada vez más por la falta de voluntad del cristianismo estadounidense para enfrentarse al racismo en sus iglesias y en la sociedad en general. Estableció una distinción entre lo que él llamaba el "genio de la religión de Jesús" y la práctica del cristianismo tal como él la había experimentado en Estados Unidos.

Hacía tiempo que Thurman había reconocido cómo se sentía el llamado a partir y lo que podía hacer posible, incluso en circunstancias al parecer imposibles. Nació en 1899 y creció en la ciudad segregada de Daytona, Florida. Su padre murió cuando él tenía siete años y, como todos los niños negros, se vio obligado a enfrentarse a los males del racismo a una temprana edad. Sin embargo, tuvo la suerte de ser criado por adultos cariñosos y en una comunidad religiosa protectora. Sus profesores de primaria reconocieron su inteligencia y le ayudaron a continuar su educación después de la secundaria, cuando terminó la escuela pública para niños negros estadounidenses. Como él escribiría más tarde, estas influencias positivas le inculcaron un fuerte sentido de la importancia de su vida y de lo que hacía con ella.[12]

En la infancia y la adolescencia, Thurman encontró consuelo y fortaleza en la naturaleza, en la inspiración de su familia y sus profesores, y en un feroz deseo de estudiar, fuerzas que le permitieron superar innumerables obstáculos. A cada paso, su singular concentración, su evidente brillantez y su sacrificio personal, apoyados por los sacrificios que otros hicieron en su nombre de forma voluntaria, le dieron un sentido de propósito y responsabilidad en la vida. También encontró benefactores, amistades duraderas y mentores espirituales más allá de la división racial que pretendía mantener a blancos y negros "separados por un muro de hostilidad silenciosa y sospecha manifiesta".[13]

Thurman experimentó la gracia —encuentros místicos mediados por el mundo natural o la amabilidad de extraños— que lo persuadió de que Dios tenía algo que ver con las puertas que se le habían abierto en momentos oportunos. Su biógrafo Peter Eisenstadt escribe: "Providencia sería quizá una palabra demasiado fuerte para definir la creencia de Thurman; suerte es demasiado débil. Fue uno de esos extraños vínculos entre dos acontecimientos, un momento en el que se vislumbra un fundamento y una conexión oculta y benigna del universo".[14] Esa sensación de la presencia de Dios le dio a Thurman el valor para aceptar lo que la vida le deparaba como suerte y convertirlo en su destino.[15]

Diez años antes, durante una peregrinación a la India, Thurman recibió un presagio del llamado para ir a San Francisco. Thurman y su esposa, Susan Bailey Thurman, encabezaban una delegación de negros estadounidenses en una misión de amistad organizada por la Federación Mundial de Estudiantes Cristianos. El movimiento no violento de Mahatma Gandhi contra el dominio colonial británico había captado la atención mundial. Su conversación de tres horas confirmó la convicción de Thurman de que la no violencia era la única forma de superar la injusticia racial en Estados Unidos. "Tal vez sea a través de los negros", le dijo Gandhi a Thurman como bendición y exhortación de despedida, "que el mensaje no adulterado de la no violencia le llegará al mundo".[16]

Durante una visita turística al paso de Khyber, parte de la antigua ruta comercial a través de una escarpada cordillera montañosa entre los actuales Afganistán y Pakistán, la cual permitió el intercambio de ideas, cultura y credos de muchas tierras, Thurman tuvo una visión: "Crear una comunidad religiosa que fuera capaz de atravesar todas las barreras raciales".[17] Durante años, mantuvo viva la idea de crear una expresión verdaderamente interracial del cristianismo que celebrara la maravillosa diversidad de la humanidad. Una década más tarde, cuando recibió la invitación de crear una Iglesia de ese tipo en San Francisco, "sentí un toque en el hombro", escribió, "que coincidía con el encuentro creativo del sueño del paso de Khyber".[18]

La decisión de Thurman de abandonar un prestigioso puesto en la Universidad Howard, la institución académica más importante para los negros estadounidenses, para fundar una Iglesia interracial desconcertó a su gente cercana. El decano de Howard lo presionó para que considerara los riesgos que corría, no solo él mismo, sino también su familia. Thurman le escribió a su homólogo de San Francisco: "Nuestra audaz empresa entraña riesgos y debemos estar preparados para asumir la parte que nos corresponde".[19] Esta era su oportunidad de crear una Iglesia digna de Jesús. "Thurman había estado viviendo dentro de los confines y limitaciones de su destino, los accidentes de su nacimiento y educación, desde sus primeros días", escribe Eisenstadt. "La iglesia de San Francisco fue una oportunidad para buscar y reclamar su destino".[20]

El trabajo de establecer lo que se convirtió en la Fellowship Church no fue nada fácil. Sin embargo, Thurman nunca esperó que lo fuera, y durante otros diez años volcó en la Iglesia todo lo que tenía. Fue una época de plenitud y frustración. Fue una época de satisfacción por el ministerio influyente de la Iglesia en San Francisco, y de decepción porque no tenía el impacto nacional que él esperaba. Fue una época de intensa concentración en pastorear a una congregación relativamente pequeña y también fue entonces cuando publicó su libro más influyente, *Jesus and the Disinherited* (Jesús y los desheredados).

Thurman escucharía el llamado a partir una vez más, en 1953, para asumir un puesto de liderazgo en la Universidad de Boston, una institución históricamente blanca. Se marchó a regañadientes pues consideraba que la Fellowship Church era el logro más importante de su vida. Pero también sentía una responsabilidad hacia las generaciones venideras y estaba convencido de que una universidad le ofrecería la plataforma más amplia posible para transmitir su mensaje de resistencia no violenta. En la Universidad de Boston, un joven estudiante de doctorado llamado Martin Luther King Jr. conoció a Thurman, quien seguiría siendo su inspiración espiritual de por vida.

Ya sea por primera o centésima vez, al elegir partir sentimos que nuestra vida importa. Cuando nos vamos con miedo, se nos da valor de hacer lo que creemos que no podemos hacer. Cuando vamos con emoción, es como si hubiéramos esperado toda la vida para este momento. Que el costo de partir sea alto solo confirma la importancia del llamado.

Hace años, una buena amiga escuchó el llamado de cambiar de profesión a mediana edad. Su nueva vocación exigiría una formación educativa importante, con la correspondiente pérdida de ingresos. También implicaría mudarse, con o sin su familia, a otra ciudad durante un año de aprendizaje *in situ*. La resistencia a este llamado fue intensa, tanto en su interior como a su alrededor. Incluso después de tomar la decisión, dudó durante más de un año. Fue una época angustiante, en la que tuvo que soportar el llamado y también todo lo que se oponía a él.

Entonces, un día, algo cambió en su interior y tuvo una claridad que no había sentido antes. Seguía siendo amable y considerada con su familia, pero ya no dudaba de que había llegado el momento de irse. Cuando le pregunté por el cambio, me dijo simplemente: "Sabía que había llegado el momento. No sería fácil, pero no irme simplemente no era una opción". Había llegado el momento decisivo.

Esa claridad, cuando llega y de la forma en que llega, es un regalo. A mí me llegó por primera vez a los diecisiete años. Puedo contar con los dedos de una mano las veces que la he sentido, pero gracias a la huella psíquica de esa experiencia inicial, y con la ayuda de ejemplos de valor que se encuentran en las escrituras, la historia y la literatura, y en las vidas de quienes he conocido, cuando el viaje del héroe se presenta, lo reconozco y sé qué hacer. Creo que todos lo sabemos.

CAPÍTULO 2

Decidir permanecer

Aquí estoy, no puedo hacer otra cosa,
que Dios me ayude.
MARTÍN LUTERO[1]

Ian Bedloe es el protagonista de diecisiete años de la novela de Anne Tyler publicada en 1991, *Saint Maybe* (*Santa quizás*). Se culpa de la aparente muerte por suicidio de su hermano mayor, Danny, y de las tragedias familiares posteriores. Una noche, mientras deambula por las calles de su ciudad natal, Baltimore, Ian ve un letrero de neón en el escaparate de una tienda: "Iglesia de la Segunda Oportunidad". Entonces él ocupa su lugar entre un pequeño grupo de almas heridas y se escucha a sí mismo contarles la muerte de su hermano y su sentimiento de culpa. El ministro, el reverendo Emmett, un joven amable, pero espiritualmente intransigente, le asegura a Ian que el perdón es posible, siempre y cuando expíe sus pecados. Ian decide abandonar los estudios y aceptar un trabajo humilde para ayudar a mantener a los hijos de su hermano. Pasan los años, va a trabajar todos los días, cuida de su familia y es un miembro fiel de la Iglesia. Sin embargo, la felicidad que anhela se le escapa y empieza a cuestionarse las decisiones que ha tomado.

Al presentir que Ian está conflictuado, un domingo por la tarde el reverendo Emmett se ofrece a acompañarlo a casa desde la iglesia. Mientras caminan, las frustraciones de Ian se desbordan. "Siento que estoy desperdiciando mi vida", grita. El reverendo Emmett se detiene y voltea para mirar a Ian directo a los ojos. "Esta *es* tu vida", le dice con suavidad. "Apóyate en ella. Considera tu carga como un regalo. Es el tema que se te ha dado para trabajar. Esta es la única vida que tendrás".[2]

Dado el dramatismo, la adrenalina y la energía exterior que conlleva la decisión de partir, permanecer puede sentirse como estar atrapado. Sin embargo, la decisión de quedarse también puede ser valiente y tener consecuencias. Tomar esa decisión, sobre todo cuando hay razones de peso para irse, implica una lucha interna similar y una sensación creciente de crisis, lo que conduce a un momento decisivo, tan fuerte como la decisión de partir. Pero ahí acaba la similitud, porque al decidir quedarnos, elegimos profundizar en la vida que ya tenemos.

Como el llamado a partir se asocia legítimamente con el lado aventurero del valor, elegir quedarnos puede parecer que nos conformamos con menos. Sin embargo, la profundidad, fruto de la estabilidad, es esencial para una vida madura y para nuestra capacidad de marcar una diferencia duradera en la vida de los demás. Al elegir quedarnos, reconocemos que hay más en juego que lo que sentimos o queremos. Aprendemos que hay más de una manera de vivir una vida valiente y que algunas de las decisiones más valientes que tomamos son las que nadie ve.

Leí por primera vez *Saint Maybe* en un momento en que yo, no mucho mayor que Ian, luchaba con lo que significaba permanecer en mi propia vida. Las palabras que el reverendo Emmett le dijo Ian me parecieron las palabras de Dios para mí: "Esta es tu vida. Quédate donde estás".

Hasta entonces, mi vida se había definido en gran medida por ir de un lugar a otro, salir de un mundo y entrar en otro, aprender a ser valiente ante lo desconocido. Ahora tenía treinta y pocos años, estaba casada, tenía un hijo de tres años y un recién nacido, y trabajaba de tiempo completo en un empleo que se suponía que me encantaba. Lo amaba casi todo el tiempo, y amaba la mayor parte de mi vida, lo que volvía difícil para mí reconocer cómo me sentía o hablar al respecto. Al manejar por las calles de Toledo, Ohio, cantaba una canción de Nanci Griffith que sonaba en el radio. *Por la mañana vuelo a cualquier lugar menos aquí*, deseando que fuera verdad.

Ahora veo que mi lucha interna era un llamado a aceptar y experimentar el don y el costo de la estabilidad. Es un tema recurrente, cada vez que lucho con el llamado a quedarme. He tenido que aprender, una y otra vez, que la fidelidad no siempre consiste en dar grandes saltos, sino también en caminar dando pequeños pasos, y que es posible marcar una diferencia duradera en el mundo al ocuparnos de un pequeño rincón del mismo.

Un presagio de este entendimiento sucedió en nuestro primer año de matrimonio, que mi marido, Paul, y yo, pasamos en Honduras, trabajando en una escuela para niños pobres. Al principio nos parecía que habíamos asumido un compromiso enorme. Sin embargo, conforme nuestro tiempo allí se acercaba a su fin, me di cuenta de que quienes dedican *su* vida a servir de esa manera son quienes pueden tener un impacto transformador para bien. Regresé a Estados Unidos con el deseo de ser ese tipo de persona, pero también sintiendo que nada en mi vida me había preparado para la disciplina que eso requeriría.

El matrimonio, la crianza y el ministerio parroquial se convirtieron en mis maestros, cada uno representando un pequeño mundo del que era responsable, cada uno valorando la estabilidad por encima del cambio y la constancia por encima de la emoción que yo ansiaba. Como no sabía con quién hablar, encontré consuelo y orientación en los libros. Me llegaban fragmentos de sabiduría que me mantenían con los pies en la tierra cuando yo quería volar.

El verano en que nuestro hijo mayor, Amos, era pequeño, viajamos con él a Suecia para unirnos a mi madre en su viaje anual a casa. Nos hospedamos en la granja rústica que sus padres compraron después de la Segunda Guerra Mundial y donde mi familia sueca se reúne en los meses más cálidos. Es un lugar precioso y nos acogieron con calidez. Sin embargo, al cabo de una semana ya me sentía inquieta, con ganas de viajar por el país, caminar por horas, cruzar a Dinamarca y recorrer otras partes de Europa. En lugar de eso, todos los días Amos y yo bajábamos por un camino de tierra para ver pastar a las ovejas del vecino. Él se quedaba allí durante horas, y yo me quedaba a su lado, intentando luchar contra la envidia que me daban quienes vivían sin ataduras. Cuando él dormía su siesta, yo me sumergía en los libros, desesperada en mi intento de mantenerme conectada con el resto del mundo. Mirando hacia atrás, me gustaría poder asegurarle a mi yo más joven que el mundo no se iría a ninguna parte, pero en ese momento no podía evitar la sensación de que me estaba perdiendo algo, y tal vez que incluso estaba fracasando en lo que se suponía que hacía con mi vida.

Ese verano me topé con *El Principito*, de Antoine de Saint-Exupéry. Es una historia extravagante, escrita con el estilo de un libro infantil, llena de sabiduría acerca de las debilidades de la naturaleza humana. El Principito reina en un pequeño planeta conocido como Asteroide 325. En ese planeta también vive una sola rosa, a la que el Principito ama, pero que le causa todo tipo de aflicciones por su pretensión y su necesidad constante de afecto. Para sanar su corazón herido, el Principito decide abandonar su rosa y viajar por la galaxia.

Después de aterrizar en la Tierra, el Principito sube a una montaña para tener una mejor vista. Desde la cima ve cientos de rosas en un jardín, revelación que le provoca sentarse y llorar. Su rosa le aseguró que era especial y que era un privilegio amarla. Pero aquí, en un solo jardín, hay cientos como ella. Si ella no es más que una rosa común y corriente, ¿quién es él?

Entonces el Principito se encuentra con un zorro que le enseña una lección invaluable. "Para mí", le dice el zorro, "no eres más que un niño igual a otros mil niños. No te necesito. Y tú no me necesitas. Solo soy un zorro, como otros cien mil zorros. Pero si me domesticas, entonces nos necesitaremos mutuamente. Para mí, serás único en todo el mundo, y yo seré lo mismo para ti".

El Principito se da cuenta de que lo mismo sucede con las rosas del jardín. A pesar de su belleza, no las ama. Ama a la única rosa de su pequeño planeta que ha regado, protegido y cuidado. "Es el tiempo que has perdido por tu rosa lo que la vuelve tan importante", le dice el zorro al Principito. "Tú eres responsable de tu rosa".[3]

Al imaginar a nuestro hijo como mi rosa, supe con inequívoca claridad dónde estaban mi corazón y mi responsabilidad. También me di cuenta de que si no estaba a la altura de este tipo de amor singular, todas las aventuras que ansiaba y mis esfuerzos por contribuir de forma duradera no significarían nada. "Eres responsable de tu rosa" se ha convertido en un mantra, que me recuerda el carácter sagrado de todas las personas que han sido confiadas a mi cuidado.

El pastor presbiteriano Frederick Buechner también me enseñó, a mí y a muchos otros, el valor de la estabilidad. A través de sus memorias y otros escritos, me ayudó a querer ser una persona de quien los demás pudieran depender y a disfrutar de los días en los que no parece suceder nada importante. Buechner escribe:

> Si me pidieran que expresara en pocas palabras la esencia de todo lo que intento decir como novelista y predicador, sería esto: "Escucha tu vida. Mírala como el misterio insondable que es. En el aburrimiento y el dolor, no menos que en la emoción y la alegría: toca, saborea y huele tu camino hacia el corazón sagrado y oculto de ella porque, en última instancia, todos los momentos son momentos clave, y la vida misma es gracia".[4]

Ese fue el verano en que empecé a escuchar todo lo que podía, aprendiendo cada día lo que significaba ser, como escribe el salmista: "Como los árboles plantados junto a corrientes de agua, que dan su fruto a su tiempo y sus hojas no se marchitan".[5] Se ha convertido en una práctica para toda la vida, que requiere una renovación constante, ya que los días que permanecemos donde estamos superan con creces a los días que sentimos el llamado a partir. No hay nada complaciente en elegir quedarse, y la fidelidad necesaria es, de hecho, heroica.

Otra escritora que me animó a quedarme fue la monja benedictina Joan Chittister. Desde que hace años cayó en mis manos uno de sus libros, *The Rule of Benedict* (*La regla de san Benito. Vocación de eternidad*), lo tengo cerca de mí. Benito fundó una comunidad monástica en los tumultuosos años del siglo IV, cuando el mundo parecía desmoronarse. Se basó en las prácticas sencillas de la vida cotidiana y en la gracia que existe en un sano equilibrio entre el trabajo, la oración, el estudio y el descanso. Chittister, que publicó en la década de 1990, aporta un lenguaje contemporáneo a la regla de Benito. "La vida es maestra de verdades universales", escribe. "Para el sabio, la vida no es una serie de acontecimientos que hay que controlar. La vida es una forma de caminar por el universo entero y sagrado".[6]

La lectura de *The Rule of Benedict* (La regla de Benito) a lo largo de los años me ha dado sabiduría y gracia para reorientar mi atención hacia donde estoy, en lugar de hacia donde creo que quiero ir. Una frase saltó a la vista cuando la leí por primera vez y aún la conservo: "Quizá sea el vecindario donde vivimos, más que el vecindario que queremos, el que realmente nos convierta en seres humanos".[7] A veces escucho en la oración o en la meditación una invitación a sustituir la palabra *vecindario* por cualquier cosa con la que esté luchando, y su verdad resuena. Donde estoy puede ser, de hecho, donde necesito estar. Lo que quiero, aunque tal vez sea bueno y admirable, tal vez no sea posible o no valga la pena.

De ninguna manera pretendo sugerir que permanecer en situaciones abusivas o dañinas sea la voluntad de Dios, o que el sacrificio personal sea siempre el camino del amor. Perseguir los deseos de nuestro corazón puede ser la elección que más afirme nuestra vida, incluso cuando nos aleje de otros compromisos. Sin embargo, lo que quiero decir es que, en el transcurso de una vida bien vivida, también necesitamos suficiente arraigo para desarrollar relaciones profundas y descubrir tesoros de longevidad que a menudo están ocultos. Hay otro tipo de alegría en ser la persona con quien los demás pueden contar.

Incluso ahora, cuando mis responsabilidades como cuidadora han pasado a mi madre, en el otro extremo del ciclo vital, Chittister, Buechner, el Principito e Ian Bedloe me recuerdan la importancia de la fidelidad cotidiana, y que a veces la decisión más amorosa y valiente es quedarnos donde estamos.

Pero a pesar de todas las bondades de quedarnos, a veces no es algo que elijamos, sino que debemos aceptarlo como fruto de la decepción. Cuando se cierra una puerta a una oportunidad, es innegable que quedarse se siente como un fracaso. Sin embargo, esas decepciones son inevitables en la vida y, tras una temporada necesaria de duelo, el tiempo que se nos da para quedarnos con frecuencia es cuando se plantan las semillas de nuevas posibilidades y echan raíces poco a poco. Si no nos vamos a ninguna parte, hay tiempo y oportunidades para atender nuestro carácter y perfeccionar nuestras habilidades, para saborear la gracia en pequeños paquetes y aprender a perseverar.

En 2002, experimenté una decepción en mi vocación que me hizo retroceder más de un año. Yo estaba en mi décimo año en la Iglesia episcopal St. John's en Mineápolis, Minesota, y había tenido cierto éxito en mi puesto. Personas de todo el país habían empezado a ponerse en contacto conmigo, preguntándome si podría considerar un nuevo puesto. Yo también me preguntaba qué sería lo siguiente. La posibilidad de convertirme en decana de una catedral episcopal era algo con lo que soñaba, dirigir una iglesia con una amplia visión cívica. El decano de la catedral de Mineápolis se ofreció a orientarme para que, cuando surgiera la oportunidad, me convirtiera en una buena candidata para otra catedral.

Entonces, sin previo aviso, llegó la noticia del obispado de que nuestro decano había dimitido. Corrían rumores. Hubo indicios de escándalo, pero nada se hizo público. Fue un acontecimiento que desestabilizó nuestra diócesis y, sin embargo, supe de inmediato que me presentaría para sucederlo. Era una ambición audaz y el momento era inoportuno. También sentí que era una oportunidad que no podía dejar pasar.

El proceso de búsqueda de un nuevo decano fue incómodo desde el principio, y se complicó por la dinámica en nuestra familia, en St. John's (situada a pocos kilómetros de la catedral) y en la diócesis en general. Al principio, el comité de búsqueda me rechazó, lo que fue devastador y humillante, pero unas semanas más tarde me volvieron a invitar como finalista. Para todos los implicados era obvio que yo era la mujer simbólica de la lista y la única candidata local. Estuve a punto de negarme, pero sabía que me arrepentiría si no lo intentaba. Y durante un breve lapso, parecía que el impulso estaba a mi favor. Recuerdo que orando le dije a Dios que, a pesar de toda la ambigüedad que me rodeaba, si me llamaban, dedicaría con gusto el resto de mi vida vocacional ahí.

Al final, la catedral eligió a otra persona. Aunque desde el principio sabía que era una apuesta arriesgada, no estaba preparada para lo que sucedió después. Me las arreglé para dar la cara y apoyar públicamente a la catedral y a su nuevo decano, pero cada vez que me quedaba sola no podía dejar de llorar. Mi cuerpo parecía desmoronarse y tuve una larga temporada de dolor crónico. Mi vida familiar lo resintió, pues Paul y nuestros hijos pequeños no sabían cómo responder a mi dolor. La vida en la diócesis también era turbulenta, y me sentí a la deriva en la congregación a la que había servido tanto tiempo. Perdí la confianza en el liderazgo del obispo y, al sentirse traicionado, él perdió la fe en el mío. Alguien de su personal me sugirió que buscara trabajo en otra diócesis.

Para mi sorpresa, en algún momento de ese año de dolor un nuevo llamado a quedarme arraigó lentamente en mi corazón. No me quitó el dolor que sentía, sino que pareció surgir junto a él. Reconocí la sensación de claridad que había sentido otras veces cuando el llamado era a partir. Conforme la perspectiva de quedarme se volvía más fuerte, lo mismo sucedía con mi entusiasmo. Con un sentido de alineación con los más cercanos a mí, acaricié la perspectiva de permitir que nuestros dos hijos se graduaran de la secundaria y que la vida profesional de Paul floreciera, mientras yo profundizaba en el ministerio en la iglesia a la que había servido durante una década.

Primero hablé con mis seres más cercanos: mi marido y algunos amigos. Luego les pregunté a los directivos de St. John's cómo se sentirían si me comprometiera públicamente a quedarme cinco años más. Si me quedaba, les dije, debería aprender nuevas habilidades para el trabajo que tenía por delante. St. John's había crecido en los diez años que llevábamos juntos, y la congregación necesitaba un nuevo tipo de líder. Si yo iba a ser esa líder, los cambios que tendríamos ante nosotros deberían ser tan drásticos como si yo me hubiera ido y hubieran llamado a un nuevo sacerdote. Por otro lado, teníamos la base de nuestros diez años juntos sobre la cual apoyarnos para ser valientes.

Los dirigentes aceptaron mi propuesta. Aunque les había advertido de los cambios que se avecinaban, ni ellos ni yo sabíamos exactamente lo que eso significaba. A decir verdad, los años que siguieron no fueron fáciles; de hecho, fueron de los más difíciles de mi etapa en St. John's. También fueron los más fructíferos. Aprendí que elegir permanecer no significaba seguir *igual*. Me acabé quedando ocho años más.

En el mejor de los casos, la decisión de quedarse es una elección diaria de permanecer de todo corazón en la propia vida y en los propios compromisos, resistiendo a la tentación de ir a la deriva, desentenderse pasivamente o seguir adelante con estoicismo. Los momentos de crisis llegan tras temporadas de duda, desilusión o aburrimiento, cuando nos encontramos deseando cualquier otra vida que no sea la nuestra. En la encrucijada, hace falta valor para elegir *entre* partir *o* permanecer con una comprensión más profunda de lo que exige o hace posible quedarse.

Un relato del Evangelio de Juan habla con fuerza de ese momento crucial. Narra una época en que las enseñanzas de Jesús se han vuelto cada vez más controvertidas, y las multitudes que antes estaban pendientes de cada una de sus palabras empiezan a alejarse. Incluso algunos de los más cercanos a él ya no quieren formar parte de su movimiento. "Esta enseñanza es difícil", dicen, "¿quién puede aceptarla?". En un momento de sobria valoración, Jesús se dirige a los doce discípulos de su círculo más íntimo y les pregunta: "¿También ustedes quieren marcharse?". La pregunta queda en el aire. Por fin habla Simón Pedro: "Señor, ¿a quién vamos a acudir? Tú tienes palabras de vida eterna".[8] Sus destinos están ligados al destino de él.

La decisión de permanecer con Jesús cuando otros deciden partir es algo a lo que recurro con frecuencia en mi propia vida, como líder de una denominación cristiana que experimenta una disminución numérica significativa. Como conozco demasiado bien nuestros defectos, puedo entender fácilmente por qué tantos deciden abandonar la Iglesia y la fe. ¿Qué nos convence de permanecer en nuestra tradición de fe cuando nuevas ideas y la maduración personal nos hacen cuestionar lo que antes habíamos aceptado como cierto, o cuando los líderes espirituales o comunidades enteras nos fallan? ¿Qué impide que nuestra fe se vuelva viciada y cada vez más irrelevante?[9] Una y otra vez he encontrado mi respuesta en la pregunta de Simón Pedro: *¿a quién voy a acudir?* He llegado demasiado lejos con Jesús como para alejarme. Aunque con frecuencia me desaniman mis propios fracasos y los de los demás, nunca he perdido la fe en Jesús, y siempre me siento inspirada por quienes viven su vida bajo su luz y se esfuerzan por parecerse más a ellos. Y por eso me quedo.

Una fuente de inspiración es la reverenda Dra. Kelly Brown Douglas, decana inaugural de la Escuela de Teología Episcopal en el Seminario Teológico de Unión y teóloga canónica de la Catedral Nacional de Washington. Douglas es autora de seis libros, todos escritos desde una perspectiva feminista, un enfoque disciplinado de la teología que prioriza la experiencia y las perspectivas de las mujeres negras. Su obra es rigurosamente académica y a la vez profundamente personal, ya que comparte sus luchas por seguir siendo cristiana ante el daño real causado a los negros, tanto históricamente como en la actualidad, por quienes pretenden seguir a Jesús.

En conjunto, los escritos de Douglas hablan de su viaje espiritual circular, en el que llega a un asentamiento, e incluso paz, en su decisión de permanecer en la Iglesia, solo para que resurja la pregunta, como se la hizo un estudiante con mordacidad: "¿Cómo es posible que tú, una mujer negra, seas cristiana, cuando el cristianismo contribuye tanto a tu opresión?".[10] Cada vez que se enfrenta a una nueva versión de la pregunta de Jesús "¿También tú quieres irte?", la respuesta de Douglas es escribir, profundizando en la historia de la supremacía blanca y en la fuerza espiritual de sus antepasados. Hasta ahora, cada vez que ha estado a punto de partir, para mi asombro y gratitud, ha optado por quedarse.

De niña, Douglas asistía a la única iglesia episcopal negra de Dayton, Ohio. Le encantaba la iglesia y, sobre todo, escuchar historias sobre Jesús. Cuando en la adolescencia se aventuró a ir más allá de su congregación, se sorprendió al saber que no solo había episcopales blancos, sino que la Iglesia era *predominantemente* blanca. (Más tarde, al preguntarle por su decisión de permanecer en una Iglesia tan vinculada a la supremacía blanca, se rio entre dientes al recordar que pensaba *¿Qué hacen todos estos blancos en mi iglesia?*).

Al crecer, Douglas escuchaba a sus padres hablar en voz baja sobre la violencia racial. Una vez le preguntó a su padre qué habían hecho los negros para que los blancos los odiaran. Cuando llegó a la universidad, se dio cuenta de que el problema del odio de los blancos no radicaba en los negros, sino en quienes estaban decididos a odiar. Decidió dedicar su vida a desmantelar lo que W. E. B. Dubois denominó la "línea de color", que perpetuaba la violencia racial y condenaba a la pobreza a tantos niños negros. En la universidad, también experimentó su primera crisis de fe al darse cuenta de que creció con una imagen de Jesús como hombre blanco. "¿Cómo podría un Jesús blanco preocuparse por mí?", se preguntaba, "por no hablar de preocuparse por los niños negros pobres. ¿Y cómo podría yo, una persona negra, tener fe en un Jesús blanco?".[11]

Fue el capellán universitario de Douglas, David Woodyard, quien la introdujo en los escritos del teólogo negro de la liberación, James Cone. La crítica de Cone al cristianismo blanco se convirtió en un salvavidas espiritual. Dentro de la Iglesia había alguien que denunciaba la horrible realidad de la complicidad del cristianismo blanco con la esclavitud y todos sus males. Cone planteó la imagen liberadora de Jesús como el Cristo negro, uno en solidaridad con los pueblos oprimidos de la tierra. "Cuando leí las palabras de Cone", cuenta Douglas, "mis preguntas encontraron respuesta. Podía ser negra y amar a Jesús sin contradicción, porque de hecho Jesús era negro como yo. Como Cone dejó claro, Jesús, que nació en la pobreza, era uno mismo con todos esos niños negros atrapados tras la línea de color que drenaba la vida de las realidades del centro de la ciudad".[12] La teología de Cone le dio a Douglas un aprecio renovado por la fe que le habían transmitido. Douglas ampliaría los horizontes de la teología negra centrándose en la experiencia de las mujeres negras en la sociedad blanca y de las personas LGBTQ+ en la Iglesia negra.

Pero el costo de seguir siendo cristiano y líder negro en una denominación predominantemente blanca es alto. En su libro más reciente, *Resurrection Hope: A Future Where Black Lives Matter* (Esperanza de resurrección: un futuro en el que las vidas de los negros importan), Douglas reconoce que, una vez más, está experimentando una crisis de fe, quizá la más importante de su vida. Su sobria conclusión es que la blanquitud ha corrompido tanto la imaginación moral de la sociedad estadounidense que ya no puede concebir un mundo en el que las vidas de los negros de verdad importen.[13] Sin embargo, es categórica, como lo fue Cone antes que ella, en que el cristianismo blanco, tanto en su contexto histórico como en el actual, es un anatema para la misión de Jesús. Reserva sus críticas más duras para los cristianos que han apoyado o que apoyan con orgullo las causas de la supremacía blanca, pero es igualmente intransigente en su evaluación de los "buenos" líderes cristianos blancos, que tienen el privilegio de dar una respuesta selectiva a los problemas de injusticia.

Cuando su propio hijo le preguntó cómo podía perseverar en la esperanza, ella le respondió contándole sobre su tatarabuela. "Cada vez que pienso en Mama Mary, pienso en esos negros que nacieron en la esclavitud, murieron en la esclavitud y nunca respiraron libremente. De hecho, nunca soñaron que alguna vez respirarían libres. Cuando pienso en ellos y en su lucha por la libertad, no puedo ceder ante lo que destruiría la vida de los negros".[14]

Douglas cree que Jesús, como encarnación de Dios en la vida humana, sigue experimentando las realidades de la crucifixión en la vida de los negros y siente su dolor como si fuera la primera vez. Camina con él hacia la cruz. Pero también encuentra esperanza en su resurrección, la misma esperanza a la que se aferraron sus antepasados y que ella está decidida a llevar adelante.

Siento a diario el regalo de su desafío, que no me permite olvidar las implicaciones más amplias de una fe que no es solo personal, sino colectiva; que tiene algo que decir sobre los males sociales que, como cristiana blanca, no siempre veo. Como colega y amiga, académica y predicadora, Kelly Brown Douglas no se queda callada cuando se me escapan verdades que para ella son obvias. Más de una vez, en respuesta a algún ultraje social contra los negros, me ha llamado para decirme: "Mariann, tenemos que *hacer* algo, *decir* algo". Ella elige, con un enorme costo para sí misma, permanecer en una Iglesia en la cual líderes como yo necesitamos que nos siga empujando. Le debemos más de lo que las palabras pueden expresar, porque está en juego la integridad de nuestro testimonio.

Es innegable que hay un componente de sacrificio en la decisión de permanecer, una sensación de pérdida por los caminos no tomados y el peso de las cargas que decidimos no soltar. Quedarse puede ser también un regalo de amor para nosotros mismos y para los demás. Al elegir la estabilidad en un área de nuestra vida, les damos la oportunidad de prosperar y crecer a quienes dependen de nosotros. No solemos asociar la estabilidad con el amor sacrificial, porque no tiene nada de visiblemente heroico, pero bajo la superficie hay otra historia que contar.

En ninguna relación es más necesario ese sacrificio que en un matrimonio o en un compromiso similar para toda la vida. He atestiguado la evolución del divorcio desde el escándalo que viví de niña hasta una configuración familiar común. Como sacerdote, he presidido docenas de bodas y después he aconsejado a muchas de esas mismas parejas cuando decidieron separarse. He acompañado a amigos y familiares en el conmovedor y traumático proceso de la separación. Por eso me maravilla mucho más la resistencia de los matrimonios duraderos. Yo misma tengo la suerte de estar en uno y sé lo que cuesta. En varias ocasiones, Paul y yo conscientemente decidimos seguir casados. No era un hecho que lo haríamos.

Al igual que cuando sentí que Dios me guiaba hacia nuevos horizontes, a lo largo de nuestro matrimonio he tenido experiencias en las que el llamado a quedarme era igualmente claro. Paradójicamente, esa claridad con frecuencia vino a través de lo que yo *no* escuchaba. En los momentos en que consideramos con seriedad poner fin a nuestro matrimonio, o al menos separarnos por un tiempo indefinido, mi oración fue por claridad. Si iba a ser yo quien tomara una decisión que cambiaría nuestras vidas para siempre y que afectaría negativamente las vidas de muchos de nuestros seres queridos, necesitaba una palabra *definitiva*, una seguridad interna de que partir era el camino a seguir. Al no escucharla, me quedé. Por suerte, Paul también.

Existen fuerzas sociales que actúan en contra de los compromisos a largo plazo, y hay largos periodos en los que la vida privada del matrimonio es sorprendentemente solitaria. Aunque en algunas circunstancias el divorcio es la opción más vivificante, son muchas las recompensas de la perseverancia en el matrimonio. A través del desafío y el sacrificio, crecemos en nuestra capacidad de perdonar, aceptar y valorar la singularidad de otro ser humano. Con el tiempo, nos damos cuenta del privilegio y la responsabilidad de desempeñar un papel de apoyo en la historia de la vida de otra persona. También está la historia compartida de un matrimonio, el espacio emocional creado entre los dos en el que otros pueden encontrar amparo y santuario. Un buen matrimonio se convierte en un terreno sólido sobre el que otros pueden construir sus vidas y, para nosotros, la dimensión exterior de la vida matrimonial ha sido una fuente de profunda alegría. Paul y yo nos hemos enriquecido compartiendo nuestras vidas y hogar con los demás, y los dos apreciamos la oportunidad de estar ahí para los seres queridos y los extraños en sus momentos cruciales.

Siempre me han fascinado los matrimonios públicos en los que los dos cónyuges comparten una vocación. Eso fue especialmente cierto en el caso de Franklin y Eleanor Roosevelt, la pareja presidencial que guio a nuestra nación durante la Gran Depresión y la

Segunda Guerra Mundial. En una época de agitación y sufrimiento, Franklin y Eleanor fueron íconos de estabilidad, compasión y valor. El país se centró en ellos en busca de fuerza, sin saber que había un lado privado en este matrimonio icónico que nunca habría sobrevivido a la prensa sensacionalista de hoy, o que casi había terminado en divorcio veinte años antes de que llegaran a la Casa Blanca. Dadas las circunstancias y las costumbres sociales de su época y clase, un escándalo así quizá habría descarrilado la carrera política de Franklin mucho antes de que fuera candidato a la presidencia. Eleanor decidió quedarse. Es imposible imaginar cómo serían hoy la nación y el mundo si ella hubiera elegido lo contrario.[15]

Cuando tenía diecinueve años, en 1905, Eleanor aceptó la propuesta de matrimonio de su primo lejano. Franklin ya tenía ambiciones políticas y Eleanor anhelaba servir al mundo. A principios de siglo, los dos veían el mundo como peligroso y a la vez prometedor. Algunos historiadores describen con elogios sus primeros años de matrimonio,[16] pero otros sugieren que la pareja tuvo problemas desde el principio. En su biografía *Eleanor*, David Michaelis escribe que, ya en su luna de miel, establecieron lo que se convertiría en un patrón: Eleanor se retraía en largos y pétreos silencios mientras Franklin coqueteaba abiertamente con otras mujeres.[17] "Pero cuanto más decepcionados estaban el uno del otro", añade Michaelis, "se enfrentaban con más facilidad a los problemas del mundo".[18]

Sin embargo, la vocación de servicio público de Eleanor pronto se vio sumergida en el agotamiento del parto y la crianza de los hijos. Sara Roosevelt, la madre de Franklin, era una presencia dominante en su hogar, y Eleanor asumió un papel servil, casi infantil, mientras la carrera de Franklin prosperaba. Eleanor también se negó a reconocer lo que se había vuelto ampliamente conocido en los círculos sociales de Washington: Franklin se enamoró de su secretaria personal,

Lucy Mercer. La aventura duró años. Eleanor persistió en negarlo, al menos de forma pública, hasta una fatídica noche de 1918, cuando Franklin regresó a casa de un largo viaje a Europa. Al desempacar las maletas de Franklin, Eleanor descubrió las cartas de amor de Lucy. Años más tarde, en correspondencia privada, reconoció que "mi mundo tocó fondo y por primera vez me enfrenté con sinceridad a mí misma, a mi entorno y a mi mundo".[19]

Aunque el corazón de Eleanor estaba roto, su mente estaba clara, y de inmediato le ofreció a Franklin su libertad. Sara se sintió mortificada ante la perspectiva del espectáculo de un divorcio, y amenazó con quitarle a Franklin el apoyo financiero del que dependían su vida privilegiada y su futuro político. En los caóticos días que siguieron, el mejor amigo y asesor político de Franklin, Louis Howe, actuó como mediador. Lo que comenzó como una conversación tentativa se convirtió en una negociación de los términos matrimoniales. Sara estaba angustiada, Franklin ofendido y Eleanor mantenía la calma. No se quedaría en un matrimonio en el que no la querían.

Aunque Franklin no dejó constancia pública ni privada de sus verdaderos sentimientos, sus biógrafos describen a Lucy Mercer como el amor de su vida. Sin embargo, su amor por la política y el servicio público resultó ser mayor y rompió su relación con ella. Le pidió perdón a Eleanor y le prometió no volver a ver a Lucy. Fue una promesa que no cumplió, pero estuvieron separados el tiempo suficiente para que Franklin y Eleanor encontraran su camino.

Al elegir quedarse, Eleanor redefinió lo que significaba para ella ser la esposa de Franklin. Insistió en tener habitaciones separadas y plena autoridad sobre la casa. Despidió a todos los sirvientes que estaban al servicio de Sara y contrató a personas leales a ella. La biógrafa Blanche Wiesen Cook escribe: "Mientras Eleanor esperaba a que su corazón sanara, surgió una nueva determinación, en forma de palabras que iban a ser el estandarte de su vida adulta, palabras que repetía como consejo a sus muchos amigos y a los jóvenes que a partir de entonces entrarían en su mundo, un nuevo mundo de acción y activismo: 'La vida que vives es tuya'".[20] Eleanor ya no esperaba ni quería intimidad sexual con Franklin, pero necesitaba la seguridad de que genuinamente él la quería como compañera de vida.

De hecho, Franklin pronto necesitaría a Eleanor más de lo que nadie hubiera podido predecir. En el verano de 1921, contrajo la polio. Durante las primeras semanas de fiebre alta y dolor agonizante, Eleanor nunca se separó de su lado. Mientras Franklin avanzaba hacia una recuperación parcial y aceptaba una parálisis permanente, Eleanor y Howe estaban unidos en su determinación de mantener vivas sus aspiraciones. Eleanor se dio cuenta de que, sin un futuro en la política, Franklin se rendiría por completo. Ella creía en ese futuro y en que debía estar a su lado.

Para cuando Franklin fue elegido presidente en 1932, su matrimonio, centrado en el exterior, estaba firmemente establecido, y su asociación no estaba basada en la intimidad, sino en valores compartidos, necesidades mutuas y afecto.[21] También establecieron sus propias comunidades de apoyo: hombres y mujeres que atendían sus necesidades emocionales y físicas, mientras servían a la nación. La historiadora Doris Kearns Goodwin compara la Casa Blanca de Roosevelt con un pequeño hotel. Algunos huéspedes se quedaban por años, como las parejas íntimas de Franklin y Eleanor. Otros visitaban por días o semanas, incluyendo jefes de Estado, miembros de la familia y asesores políticos. Así, escribe Goodwin, "la extensa familia de la Casa Blanca permitía a Franklin y Eleanor sanar, o al menos ocultar, las carencias de su matrimonio...".[22] Aunque abundaban los rumores, los medios de comunicación protegían su vida privada.

Eleanor viajaba en nombre de Franklin, hablaba en su nombre en actos a los que él no podía asistir y regresaba con informes de lo que había presenciado. Era su consejera de mayor confianza. Franklin alentó el activismo de Eleanor y la defendió de sus detractores cuando se pronunció contra la injusticia racial y las prácticas laborales abusivas. No parecía molestarle la intensidad de sus amistades y relaciones románticas con hombres o mujeres. Ella, por su parte, aceptaba e incluso se hacía amiga de las mujeres que atendían las necesidades personales e íntimas de Franklin.

Hace tiempo que reflexiono sobre el costo y las consecuencias de la decisión de Eleanor de quedarse, y sobre lo que se convirtió para ella en un poderoso momento de autodiferenciación. Sí, seguiría casada, pero no como antes. Sería la compañera de su marido, pero también se dio permiso para buscar la felicidad donde pudiera encontrarla. Y lo más importante es que decidió qué era lo que realmente le importaba: una vida de servicio, comprometida con los ideales de justicia, paz y derechos humanos. Le dio prioridad a aparecer en espacios racialmente integrados y a entablar amistad con quienes trabajaban por los derechos civiles. Entre los miles de personas a las que una palabra de aliento de Eleanor Roosevelt infundió valor e inspiración se encontraba Howard Thurman. En 1944, ella fue la oradora principal en su despedida cuando abandonó Washington D. C. para ir a San Francisco, y fue una de las primeras en firmar una tarjeta de compromiso para su iglesia interracial.[23]

La mayoría de las decisiones de permanecer tienen menos consecuencias que las de Eleanor Roosevelt o Kelly Brown Douglas, pero el impacto de nuestras decisiones puede llegar más lejos de lo que jamás sabremos. La decisión de quedarse rara vez se reconoce como un viaje heroico, y pocos pueden ver la profundidad de la crisis que experimentamos cuando nuestra vida pende de un hilo. En general, es una lucha interior. Quizá sea para lo mejor, porque lo que más necesitamos es tiempo y espacio para reflexionar y la voluntad de confiar en nuestra brújula interior. Incluso en situaciones que deseamos abandonar con desesperación, podemos darnos cuenta de que quedarnos es nuestra *elección*. No estamos atrapados. Somos agentes de nuestro destino.

No hay un manual que consultar ni un modelo que seguir en estos tiempos cruciales. Pero hay caminos de sabiduría que nos llegan por medio de la literatura y nuestras tradiciones religiosas. Y aprendemos de la valentía de los demás. Lo más importante es el discernimiento de nuestros corazones, ya que cada uno de nosotros debe tomar su propia *decisión*. Ya sea que conscientemente invoquemos o no a Dios, se trata de un viaje sagrado. Nos enfrentamos a profundas cuestiones de identidad y relación, al propósito de nuestra vida y a la naturaleza sacrificial del amor. No hay nada pasivo o inconsecuente en elegir permanecer. Paradójicamente, conlleva una invitación a empezar algo nuevo. Ahora nos dirigimos a ese nuevo comienzo.

CAPÍTULO 3

Decidir comenzar

Un viaje de mil kilómetros
comienza con un solo paso.
LAOZI. DAO DE JING[1]

Es sorprendente lo fácil que es leer todos los relatos bíblicos de la vida de Jesús y pasar por alto sus momentos más decisivos. De los cuatro escritores de los Evangelios, Mateo, Marcos, Lucas y Juan, solo Lucas lo menciona, casi de pasada. Sin embargo, es el momento cuando Jesús emprende el viaje que le llevará a la muerte, y él lo sabe.

Anteriormente, Jesús había permanecido cerca de los pueblos del norte de Israel que rodeaban un gran lago conocido como mar de Galilea. Nazaret, su ciudad natal, servía de campamento base para un ministerio itinerante de enseñanza, sanación y alimentación de las empobrecidas comunidades de agricultores y pescadores. Siguiendo la tradición rabínica del judaísmo antiguo, había reunido a un pequeño grupo de discípulos que viajaban con él.

Un día, Jesús hace una pausa en su ministerio para subir a una montaña cercana. Acostumbraba escaparse periódicamente de las multitudes que lo seguían a todas partes, con frecuencia de noche, a veces durante un día entero. Para Jesús, escalar montañas era una forma de oración. El senderismo le despejaba la mente y los paisajes le daban perspectiva al dirigir su mirada hacia el horizonte. Normalmente iba solo, pero esta vez invita a tres de sus discípulos más cercanos —Juan, Santiago y Simón Pedro— a que lo acompañen.

Los cuatro Evangelios mencionan esta ascensión en particular, la cual, según los estudiosos del Nuevo Testamento, le confiere al relato un significado tanto histórico como teológico. En la cima de la montaña, Jesús tiene una experiencia mística en forma de conversación con sus antepasados espirituales, Moisés y Elías. Sus discípulos observan cómo una luz lo ilumina y parece cambiar su aspecto, y escuchan la voz de Dios que habla desde una nube: "Este es mi Hijo, mi Elegido; ¡escúchenlo!".[2] Por razones que no comprenden en ese momento, Jesús les ordena guardar silencio.

Cuando Jesús desciende de la montaña lo espera el torbellino de las necesidades humanas. Antes de que pueda recuperar el aliento, vuelve al trabajo. Pero algo es diferente. Sea lo que sea lo que Jesús experimentó cuando brilló la luz y habló la voz de la nube, ahora tiene claro que su muerte es inminente. Con este conocimiento, Jesús toma la decisión crucial de ir donde todos los profetas antes que él fueron a morir. "Cuando se acercaban los días de su ascensión", nos dice Lucas, "se dispuso a ir a Jerusalén".[3]

En los 125 kilómetros que separan Galilea de Jerusalén, el ministerio de Jesús se parece mucho al anterior. Enseña y cura a la gente. En el camino narra algunas de sus parábolas más memorables, como la del buen samaritano y la del hijo pródigo. Viaja a zonas que la mayoría de los judíos evitaban y les habla a quienes considera marginados del amor generoso e inclusivo de Dios. Cena con sus íntimos amigos Marta, María y Lázaro, y honra la decisión de María de ocupar su lugar entre los hombres, en lugar de ocuparse de la cocina. Estas son las historias que recordamos, pero no tanto el viaje durante el cual sucedieron.

Sin embargo, para Jesús lo que importa es el viaje, y su destino es lo primero en su mente. Las únicas pistas que nos da de que el tiempo se le está acabando son su impaciencia con quienes aún titubean en su decisión de unirse a él, y la forma en que Jesús enseña a sus discípulos a lo largo del camino. Hay urgencia en su tono cuando les dice una y otra vez que no estará con ellos mucho más tiempo, algo que ellos hacen todo lo posible por ignorar.

El hecho de que pocos se den cuenta de la importancia del llamado a comenzar subraya su naturaleza inicialmente privada y lo mucho que puede pasar antes de que esos primeros impulsos se vean a la luz de a dónde conducen al final. Los primeros pasos suelen ser pequeños y el viaje es lo bastante largo como para que las probabilidades de completarlo sean bajas. Además, no todos los intentos se traducen en cambios drásticos. Pero quienes lo hacen por lo regular se remontan a un momento en que casi nadie se dio cuenta.

La decisión de comenzar tiene mucho en común con la decisión de partir, ya que implica el desplazamiento de un lugar a otro. La diferencia está en lo imperceptible del cambio. Hay poco dramatismo. De hecho, decidir empezar con frecuencia requiere quedarnos donde estamos durante un tiempo, debido a la importante preparación necesaria para iniciar. Quizá incluso al principio retrocedamos, en el sentido de compensar decisiones pasadas o volver sobre nuestros pasos para tomar el camino que no elegimos años atrás.

En mis primeros años en St. John's, una feligresa llamada Cindy Dowson me dijo que decidió perseguir su sueño de ser enfermera. Esto era algo importante porque Cindy nunca había ido a la universidad y no le fue bien en la preparatoria. Cuando era adolescente, el principal objetivo de Cindy era vivir sola. Al principio era mesera y al final consiguió un trabajo de oficina, donde permaneció catorce años. Conoció a Scott, se casó con él y fundaron una familia. Después del nacimiento de su tercer hijo y de que Cindy dejó su trabajo para encargarse de sus hijos de tiempo completo, me contó su decisión de emprender el camino hacia el trabajo que siempre había deseado.

Comenzar significaba asistir a una clase nocturna por semestre en un colegio comunitario local porque necesitaba cursos de recuperación y prerrequisitos antes de siquiera poder solicitar el ingreso al programa de enfermería. "Estaba muy nerviosa por ir a mi primera clase", recuerda, "y temía no poder hacer el trabajo". Se quedó atrapada en el tráfico en hora pico, y cuando llegó la puerta del salón estaba cerrada. Cuando el profesor la abrió, le dijo con frialdad que esperaba que todos sus alumnos fueran puntuales. Nunca más volvió a llegar tarde.

Durante seis años, Cindy trabajó sin prisa, pero sin pausa, clase por clase. Cuando por fin la aceptaron en el programa de enfermería, se inscribió de tiempo completo dos años más. Cada día se levantaba temprano para estudiar varias horas antes de que sus hijos se despertaran y luego volvía a sus estudios cuando ellos se dormían por la noche. Permaneció activa en nuestra iglesia durante esos años y, aunque todos sabíamos que estaba yendo a estudiar, era fácil olvidar lo que eso significaba para ella. Solo ella y Scott, quien era su incondicional apoyo, conocían el costo.

Cindy se graduó de la escuela de enfermería durante la recesión económica de 2009, cuando ningún hospital contrataba personal. Entonces aceptó un trabajo nocturno como enfermera a domicilio, atendiendo a niños y adultos con enfermedades crónicas. "Muchas veces me sentía como una niñera glorificada", me dijo. "Pero necesitaba el trabajo". Varios años después, su cuñado mencionó que el hospital del condado necesitaba enfermeras para sus unidades de traumatología. Cindy presentó su solicitud al día siguiente y fue contratada en el acto. "Allí fue donde aprendí a ser enfermera", dice, "trabajando junto a quienes cuidan de personas que soportan las peores formas de sufrimiento". Unos años más tarde, por fin consiguió el puesto de sus sueños en obstetricia.

Más de veinte años después, le pregunté a Cindy qué recordaba del momento en que decidió empezar el camino y dónde encontró el valor para perseverar. Primero me habló de su abuelo, endocrinólogo de la Clínica Mayo, que era diabético de niño y uno de los primeros en recibir dosis experimentales de insulina. Ese tratamiento le salvó la vida y decidió devolver el favor. "Nunca se me había ocurrido que pudiera seguir ese camino", afirma. "Pero cuando nació nuestro hijo Michael, el recuerdo de mi abuelo volvió a mí, como para animarme a hacer algo valiente".

Dijo que durante una clase que tomó en nuestra iglesia sobre el discernimiento del propósito de la vida, impartida por uno de nuestros líderes laicos más dotados, Richard Howard, se plantó en ella otra semilla. "Nunca olvidaré lo que sentí", dijo, "cuando John dibujó una línea vertical en el pizarrón y nos dijo que representaba la duración de nuestra vida. Nos dijo que pusiéramos nuestra fecha de nacimiento en la parte inferior y que calculáramos la fecha de nuestra muerte y la pusiéramos en la parte superior. Luego nos preguntó en qué parte de esa línea nos encontrábamos y qué queríamos hacer con el tiempo que nos quedaba". Cindy sabía su respuesta.

Cindy también habló de la enfermera de obstetricia que estuvo con ella en el parto de su hijo. "Era increíble", recuerda, "muy cariñosa, alentadora y *buena* en su trabajo. Entonces supe que yo quería hacer por otras mujeres lo que ella hizo por mí". Sin embargo, el factor decisivo fue lo que había aprendido criando a sus hijos. "Debido a mi infancia, la maternidad no era una conclusión inevitable", dice. Pero gracias a la crianza de mis hijos aprendí que soy una cuidadora nata. Decidir ser enfermera fue una consecuencia de ser madre".

Cuando le pregunté si alguna vez había pensado en darse por vencida, se quedó callada un momento. "No", dijo al fin. "Seguí adelante. Por supuesto, sentí humildad por lo mucho que tenía que aprender. Pero no me arrepiento de lo largo que fue el viaje". Volvió a hacer una pausa y se rio. "Ahora soy la matriarca del turno nocturno de obstetricia. Me llaman Mamá Cindy".

Cada decisión de emprender un viaje valiente es única, pero la experiencia es universal. ¿Cuándo, por ejemplo, decide un niño caminar o hablar? Los primeros impulsos son instintivos e inconscientes. Sin embargo, su decisión de levantarse y dar los primeros pasos hacia los brazos extendidos de su madre tiene algo de voluntad. Conforme crece, la elección adquiere un papel cada vez más importante, como cuando aprende a andar en bicicleta o a tocar un instrumento musical. Entonces vemos aún más claramente el valor que requiere la decisión de una persona joven para empezar, el riesgo y la vulnerabilidad de ir más allá de su capacidad actual para aprender algo nuevo, y su entusiasmo por lograr lo que antes era imposible.

Los humanos no somos la única especie con capacidad para emprender viajes de consecuencias. Mi marido es observador de aves y me habla de ciertas especies que realizan viajes migratorios de un extremo a otro de un continente. ¿Cómo saben las aves cuándo emprender el camino? ¿Qué las mantiene en ruta cuando no han hecho el viaje antes? Al parecer, los humanos diferimos de ellas en nuestra capacidad para vislumbrar posibilidades más allá de nuestra vista y avanzar hacia ellas. No solo el instinto nos impulsa. Un llamado espiritual nos atrae hacia un destino. Pero la elección es nuestra, aunque nos sintamos convocados por una presencia o una energía que no son nuestras.

Cuando tomamos esa decisión, el camino a seguir puede ser claro, como en una carrera o una acreditación profesional. Otras son ambiguas, más parecidas a manejar de noche entre la niebla, que es como el novelista E. L. Doctorow describió el proceso de la escritura. "Solo puedes ver hasta donde te alcanzan los faros", dijo, "pero puedes hacer todo el viaje así".[4] En cualquier caso, lo que hay más allá del horizonte solo se puede hacer realidad al avanzar hacia allá.

La decisión de empezar a formarme me llegó por sorpresa, poco después de haber decidido permanecer y dedicarme totalmente a St. John's en Mineápolis. No me iría a ninguna parte, pero casi de inmediato tuve la sensación de que también era el momento de empezar a prepararme para un futuro imprevisible. No tenía un destino o un camino definitivo, y seguramente ningún resultado garantizado, pero me di cuenta de que, si alguna vez quería que me consideraran para un puesto de mayor influencia en la iglesia o fuera de ella, tenía que estar preparada para cuando se presentara la oportunidad. No sabía muy bien cómo hacerlo, solo sabía que era fundamental empezar.

El primer indicio de una dirección llegó cuando me invitaron a predicar en el Seminario Teológico de Virginia, mi *alma mater*, y a dirigir una clase de predicación. Fue una afirmación inesperada de mi trabajo más allá de St. John's en un momento en que aún me sentía frágil después del proceso de búsqueda de la catedral. La mañana de la misa en la capilla a la que iba a predicar, el decano académico se sentó a mi lado mientras yo terminaba de desayunar en el comedor del seminario. No recuerdo gran cosa de nuestra conversación, excepto el instante en que me dijo: "Creo que ha llegado el momento de que empieces un doctorado en Ministerio, y me gustaría que consideraras la posibilidad de hacerlo aquí".

Con sus palabras, se abrió una puerta. Sin saber lo que supondría ese curso de estudio ni a dónde me llevaría, supe que quería atravesarla. En enero del año siguiente comencé mis estudios de doctorado en Virginia, un viaje de cuatro años que me brindó un entorno de aprendizaje estructurado y un lugar donde explorar la práctica espiritual del liderazgo. También me devolvió a la conversación con líderes del área de Washington D. C., algo que resultaría importante en un futuro.

También me inspiró el valiente ejemplo de otros que decidieron empezar algo nuevo. En esos años, trabajé como responsable de conferencias para una organización dedicada al bienestar del clero, conocida como CREDO (acrónimo de *Clergy Reflection, Education, and Discernment Opportunity* - Oportunidad para la reflexión, la educación y el discernimiento del clero). Mi equipo y yo dirigíamos dos conferencias al año para mis compañeros de toda la Iglesia, guiándolos a través de un proceso intencional de examinación personal y visualización. Al final de cada sesión, nos reuníamos en un círculo para que los participantes expresaran sus aspiraciones para el futuro.

He aquí dos de esas historias, que relato con permiso. Ernesto Medina asistió a una conferencia de CREDO que dirigí en junio de 2003. Por ese entonces, él servía en el cargo de preboste de la catedral episcopal de Los Ángeles. Durante toda la semana, Ernesto nos deslumbró con su creatividad y su espíritu exuberante. Bromeó amablemente conmigo por mi comportamiento serio y me invitó a relajarme y divertirme con el grupo. El último día, cuando le tocó hablar a Ernesto, dijo: "Quiero bailar en la boda de mi nieto". Era una visión de la alegría, característica de su júbilo al parecer ilimitado, pero algo en su voz me llamó la atención. Ernesto tenía exactamente mi edad y, como yo, dos hijos adolescentes. Para los dos, tener nietos todavía estaba muy lejos en el camino. "La esperanza de vida de los hombres como yo no es grande", dijo en voz baja. "Cuidarme físicamente es una lucha. Justo antes de venir a esta conferencia, me diagnosticaron diabetes". Hizo una pausa. "Quiero hacer lo necesario para estar ahí para mis hijos y mis nietos".

Ruthanna Hooke estaba en esa misma conferencia. La acababan de contratar como profesora de homilética en el Seminario Teológico de Virginia, la primera persona LGBTQ+ en formar parte del profesorado. Al aceptar su puesto, Ruthanna se encontró en el centro de los debates sobre sexualidad humana de nuestra Iglesia, que en esa época con frecuencia eran polarizantes y mezquinos. A ella no le gustaba que los reflectores se centraran en su vida privada. Su vocación era enseñar.

Durante la semana que pasamos juntas, Ruthanna se permitió imaginar un futuro en el que no sería conocida principalmente por su orientación sexual. Cuando llegó el momento de hablar de sus aspiraciones, dijo: "Quiero ser reconocida como la mejor de mi campo dentro de diez años". En sus ojos había una chispa de determinación, incluso de desafío. Me dieron ganas de levantarme y aplaudir.

Llevo a Ernesto y Ruthanna en el corazón desde hace más de veinte años. Sus palabras se convirtieron en las mías, mientras saboreaba ver crecer a nuestros hijos e imaginaba la abuela que sería de sus hijos en un futuro entonces lejano. Me permití reconocer mi propia ambición de ser una líder, con la capacidad de influir realmente en la vida de las personas y en el rumbo de nuestro país. Ernesto y Ruthanna me ayudaron a recordar que este tipo de aspiraciones requieren una intencionalidad diaria durante largos periodos. Necesitaba comenzar y seguir avanzando hacia mi futuro.

Mientras todo esto se agitaba en mi vida personal, se intensificó una crisis de liderazgo en nuestra diócesis. Un grupo de personas decidimos organizar y solicitar un proceso exhaustivo de planificación estratégica para aclarar los objetivos colectivos, con el fin de invertir en consecuencia. El obispo, al sentirse presionado por nuestras acciones y realmente desconcertado por nuestra falta de apoyo, aceptó a regañadientes y, acto seguido, anunció sus planes de tomarse un año sabático. La diócesis contrató a un consultor en liderazgo del seminario luterano cercano, el reverendo Dr. Craig Van Gelder. Como una de las defensoras del proceso, me pidieron que formara parte del equipo de liderazgo, conocido como la Comisión Episcopal para la Estrategia Misionera. No se nos escapó la ironía del nombre, ya que el obispo se había ausentado de nuestros esfuerzos en gran medida.

Durante más de un año, recopilamos información sobre el estado de nuestra iglesia y tratamos de darle sentido. Celebramos sesiones de escucha para comprender mejor la experiencia vivida por nuestra gente. Estudiamos con detenimiento los datos de la congregación y las líneas sobrias de tendencia que contaban una historia de precipitado declive institucional. Con frecuencia discutíamos entre nosotros y nos apresurábamos a señalar los errores de los demás.

El Dr. Van Gelder nos invitó amablemente a analizar nuestro propio comportamiento y a superar lo que llamó "nuestra cultura de la crítica". "No hace falta energía ni creatividad para señalar lo que está mal", dijo. "Pero por cada cosa que critiquen, les reto a que ofrezcan al menos una sugerencia para mejorarla". Sus palabras han permanecido conmigo, como un invaluable recordatorio de que, aunque es fácil encontrar defectos, las personas que marcan la diferencia para bien son quienes trabajan para encontrar soluciones creativas.

En una reunión especialmente difícil, que duró todo el día, llegamos a la aleccionadora conclusión de que el futuro de nuestra diócesis, y de la Iglesia episcopal en general, era sombrío, debido al número de congregaciones que luchaban tan solo por sobrevivir. El Dr. Van

Gelder observó que carecíamos de una visión coherente o de un sentido unificador de identidad o propósito. Las implicaciones pesaban mucho en mi corazón. Durante un descanso, salí a pasear con mi amiga y colega Michele Morgan, también miembro de la comisión y sacerdote dotada que años antes discernió su vocación en St. John's. Su camino hacia la ordenación y la búsqueda de trabajo en la Iglesia no había sido nada fácil, pero el hecho de que fuera sacerdote se debía al movimiento de la Iglesia episcopal hacia la plena inclusión de las personas LGBTQ+. Nuestra diócesis, con todos sus problemas, había estado a la vanguardia de ese esfuerzo.

Le confesé a Michele que ni siquiera estaba segura de que a Dios le importara que sobreviviera la Iglesia episcopal. La misión de Jesús y la obra del Espíritu Santo no estaban en duda, solo la relevancia de nuestra iglesia en esa obra. Aunque sobreviviéramos, ¿a quién le importaría? Michele se quedó callada un momento y luego dijo: "A mí me importa. Esta es la iglesia que me acogió". Sus palabras me llegaron directo al corazón, y pensé en todas las demás personas a las que amaba que habían encontrado un hogar espiritual en la congregación a la que servía y en toda nuestra denominación. Me di cuenta de que no iba a renunciar a nuestra iglesia, por el bien de las personas que amaba y en servicio de lo mejor de nuestra tradición.

Ese día le dije a Dios que si alguna vez me llamaban para ser obispa, entregaría todo mi corazón al trabajo. Sabía que era lo que quería hacer y, como Ruthanna, me atreví a ponerle nombre a mi ambición. Nuestro obispo anunció su decisión de jubilarse ese mismo año y, cuando llegó el momento, propuse mi nombre para ser una de los candidatos entre los que se elegiría a su sucesor.

Faltaban dos años para la convención en la que los delegados de toda la diócesis elegirían al próximo obispo. Continué trabajando en St. John's mientras me preparaba para lo que esperaba y creía que sería mi futuro. Mirando hacia atrás, veo más con claridad lo que no podía reconocer en ese momento: que no era universalmente querida o respetada entre mis compañeros, y muchos no confiaban en mis motivos. A pesar de toda mi preparación y mi sentido de la convocatoria, el día de las elecciones se respiraba una silenciosa ansiedad entre mis partidarios que intenté ignorar. Al final de la segunda ronda de votaciones, estaba claro que no sería elegida. El resto del día fue borroso, mientras Paul me sacaba del hotel lo más rápido posible. Una vez más, hice todo lo posible por ser amable tras no haber sido elegida para un puesto al que habría dedicado mi vida.

En las semanas y meses siguientes, sentí que mi mundo se empequeñecía. Nuestros hijos estaban en la universidad. El trabajo de Paul lo mantenía ocupado. El ministerio de St. John's continuaba. Pasaba por los movimientos de la vida, sabiendo a la perfección que St. John's merecía más de mí de lo que yo podía dar. Cuando finalmente les dije a los líderes de la iglesia que ya no tenía una visión que me guiara para dirigirlos, una mujer sabia y bondadosa, Kay Kramer, me preguntó con gentileza: "¿Tienes suficiente visión para un año?". Lo pensé un momento y le contesté sinceramente que sí. Ella sonrió. "Entonces, ¿por qué no tomamos las cosas un año a la vez por ahora?". Sentí su bendición para dirigir lo mejor que pudiera durante un tiempo. Pero ¿qué iba a hacer con todas las señales y aspiraciones que me habían llevado a orientarme hacia una posición más influyente? Me dolía físicamente recordar lo mucho que había deseado ser elegida obispa y, al mismo tiempo, lo vergonzoso que era reconocer ese deseo.

Renuncia a todos los otros mundos
excepto a aquel al que perteneces.[5]

Este inquietante verso de un poema de David Whyte, "Sweet Darkness", me guio ese año en que el futuro se oscureció. Me aparté de todo compromiso o actividad fuera del ámbito de las relaciones de confianza y del trabajo que me correspondía hacer. Una vez más, manejaba en medio de la niebla, incapaz de ver más allá de mis faros. Me sentía como si me estuvieran prestando tiempo.

El día en que el nuevo obispo de Minesota fue ordenado en su cargo, participé en el servicio junto a mis colegas del clero. Él y su familia me saludaron con calidez, al igual que muchos otros, y, sin embargo, yo sabía que no tenía ningún lugar entre los que celebraban ese día, excepto el de ser amable. Esa tarde me esperaba en casa un correo electrónico de una amiga, Lisa Kimball, que hacía poco se había trasladado al norte de Virginia para incorporarse a la facultad del Seminario Teológico de Virginia. Ese mismo día, me dijo, el obispo de la diócesis episcopal de Washington anunció su jubilación. "Considera esto", escribió. En ese momento, nada me parecía más improbable que ser elegida obispa en cualquier lugar, y mucho menos en Washington D. C. Sin embargo, sentí una chispa innegable de esperanza y, con ella, con el tiempo, el permiso para soñar de nuevo. No le dije ni una palabra a nadie.

Es tentador ver las decisiones y los acontecimientos de esos años a través de la lente de la inevitabilidad, todo lo que conduce a donde estoy ahora, pero mientras los vivía, el camino era todo menos seguro. Solo veía lo suficiente para dar el siguiente paso, y el siguiente, y el siguiente. Las decepciones que sufrí me hicieron dudar de mi impulso interior y traté de imaginar otros caminos para vivir una vida con sentido.

En algún momento del viaje de dos años que transcurrió desde el día en que me enteré de que el obispo anterior de Washington se retiraba, y hasta el día de mi elección, llegué a aceptar dos realidades:

en primer lugar, que el llamado a dedicar mi vida vocacional a la renovación espiritual y la transformación estructural de la Iglesia episcopal no era negociable y, en segundo lugar, que no podía saber de antemano en qué contexto la viviría. Había llegado el momento de dejar St. John's, y si ninguna diócesis me elegía como su obispa, tendría que encontrar otro camino.

Cuando por fin le conté a Paul mi intención de presentarme a las elecciones de Washington, me dijo en voz baja: "No quiero que te vuelvan a hacer daño". "Las probabilidades están en mi contra", admití. "Pero la oportunidad vale la pena el riesgo de no ser elegida". Esa tranquila convicción me acompañó hasta las elecciones y me ha sostenido desde entonces, incluso en los momentos más difíciles.

Con frecuencia me preguntaba qué había sido de Ernesto y Ruthanna desde que declararon sus intenciones de partir hacia un futuro lejano, y me puse en contacto con ellos para preguntarles si mi recuerdo de lo que habían dicho hace casi veinte años era exacto. Ambos me respondieron de inmediato y me dijeron que sí. Sus vidas habían evolucionado de formas que no podían prever, y, sin embargo, seguían recordando los momentos decisivos de esa conferencia como acontecimientos que marcaron sus vidas.

Ernesto llegó a ser pastor líder de la iglesia luterana más grande de Fremont, Nebraska, muy lejos de su vida como sacerdote episcopal en Los Ángeles. Habló con la misma exuberancia que yo recordaba mientras explicaba cómo su decisión de comprometerse con su salud formaba parte de un arco más amplio en su vida. "En la conferencia de CREDO me enfoqué en seguir vivo para mis hijos y mis nietos", dijo. "Pero eso no era más que la expresión de una búsqueda, iniciada años antes y que continuó en los años siguientes, de hacer cosas valientes y audaces, de reivindicar mi identidad y mis dones, y de sanar de las heridas que no me permití reconocer durante años".

La conferencia de CREDO lo ayudó a centrarse en su bienestar físico, que había ignorado durante mucho tiempo. Comprendió que era algo que no podía separar de su compromiso con una vida más amplia y su sentido de la aventura. Unos años más tarde, Ernesto y su esposa, Susan, ahora padres con el nido vacío, sorprendieron a todos, incluso a ellos mismos, cuando se mudaron a Nebraska, donde Susan encontró un trabajo significativo y Ernesto aceptó un puesto en la catedral episcopal de Omaha. En pocas semanas, se dieron cuenta de que habían encontrado su hogar espiritual en el Medio Oeste. Sin embargo, Ernesto luchó con su vocación, ya que sentía el peso de las desigualdades raciales de nuestra denominación. Luego, en 2011, Ernesto tuvo un accidente de coche y, durante su larga y dolorosa recuperación, se deprimió severamente y se volvió retraído. Un terapeuta le ayudó a reconocer que su agotamiento provenía de intentar encontrar su lugar en nuestra Iglesia.

En 2016, Ernesto recorrió los 850 kilómetros del Camino de Santiago, una antigua ruta de peregrinación en el norte de España, que era una de las muchas aventuras de su lista de deseos. "Yo estaba viejo y gordo, y fue muy *duro*", dice. Se puso en contacto con su familia y amigos en casa para pedirles oraciones y apoyo. Una noche, se unió a un pequeño grupo de peregrinos que estaban sentados alrededor de una hoguera. El joven que les preparaba la cena se dirigió a Ernesto y le pidió que le hablara de Jesús. "Hablé con el corazón", me comentó. "Les dije que Jesús eligió amar sin excepciones y que, con su último aliento, perdonó a quienes lo estaban matando. Les dije que quiero aprender a amar así y que por eso lo sigo". Por primera vez en años, Ernesto se escuchó a sí mismo hablar de su fe de una forma en que los demás pudieran entender. "*Esa* es mi vocación", dijo, "hablar del amor de Jesús a quien pueda. En el Camino, una vez más me descubrí reclamando libertad, que es otra expresión de cumplir el objetivo de bailar en las bodas de mis nietos".

Dos años más tarde, Ernesto se retiró del sacerdocio episcopal y aceptó un puesto interino en una congregación luterana cercana. Para su asombro, los luteranos de Nebraska, que eran profundamente conservadores, lo acogieron con gran calidez. "Me sentí libre de ser yo mismo como nunca en la Iglesia episcopal", dice. Entonces lo llamaron para ocupar el cargo de pastor titular que ahora ostenta. "Nunca habría tenido esta oportunidad en la Iglesia episcopal", dice con pesar. "Siempre he estado encasillado. Entre los luteranos, soy más feliz que nunca".

Ahora, a sus sesenta años, Ernesto vuelve a tener problemas de salud porque su diabetes sigue avanzando. Pero está dispuesto a dar pasos valientes una vez más. Su objetivo no es solo seguir vivo, sino vivir con integridad, autenticidad y alegría. "Tengo la lista más grande de cosas que hacer antes de morir", dice, "y ya he completado casi toda. Ahora se trata de dejar un legado". Hizo una pausa y se rio. "Pero mis hijos tendrán que cooperar más si quiero llegar a la boda de mis nietos. A este paso podría ser su baile de graduación de preparatoria".

A diferencia de los numerosos viajes y cambios institucionales de Ernesto, Ruthanna permaneció en el Seminario Teológico de Virginia. Sigue enseñando a predicar a los aspirantes a clérigos y ahora es Decana Asociada de Estudiantes. Cuando le recordé su intención de estar en la cima de su campo en un plazo de diez años, protestó: "Seguro que dije en un plazo de *veinticinco*". Coincidimos en que una década parece mucho tiempo cuando la ves hacia adelante y mucho menos cuando miras hacia atrás.

Las controversias sobre la sexualidad humana que Ruthanna esperaba dejar atrás más tarde se intensificaron, en ese verano de

2003, cuando la Convención General de la Iglesia Episcopal (nuestra máxima autoridad legislativa) consintió la elección de un sacerdote abiertamente homosexual y con pareja, el reverendo Gene Robinson, como obispo de la diócesis de Nuevo Hampshire. Pronto se trazaron líneas, y muchos obispos, sacerdotes y miembros de congregaciones teológicamente conservadores abandonaron la Iglesia episcopal o decidieron no acatar los cambios en nuestra política que exigían la plena inclusión de las personas LGBTQ+.

En el Seminario Teológico de Virginia, algunos estudiantes se volvieron más estridentes en su protesta contra la posición de Ruthanna en la facultad, mientras que otros la adularon. En respuesta a la tormenta que se avecinaba en toda la Iglesia, el seminario organizó una serie de foros sobre argumentos teológicos y bíblicos en favor y en contra de la plena inclusión. Le pidieron a Ruthanna que participara en uno de esos foros, moderado por el profesor de ética, y en el que ella sola hablaría junto a uno de los estudiantes conservadores más francos. Aceptó a regañadientes. "Todos los estudiantes, profesores y empleados acudieron al acto", recuerda. "Me sentí como si estuvieran juzgando mi sexualidad". El costo de tener que defender públicamente su derecho a ser profesora del seminario fue casi más de lo que podía soportar.

Aun así, Ruthanna perseveró. "La conferencia CREDO me ayudó a fijar mi mirada en algo que realmente me importaba", afirma. "Recuerdo la sensación de empoderamiento, la invitación a soñar a lo grande". Llegó al seminario antes de terminar su tesis doctoral, que era el primer paso para alcanzar su meta. Pero entonces ella y su esposa decidieron formar una familia. "Eso dejó a la gente boquiabierta", se ríe. "Por ese entonces tenía cuarenta y dos años, era una lesbiana mayor y estaba embarazada". Todo se desaceleró con el nacimiento de su hijo, Silas. Terminó su tesis hasta que él cumplió un año. Y empezó a trabajar en su primer libro, *Transforming Preaching* (La transformación de la predicación), hasta varios años después.

Al mismo tiempo, Ruthanna definió su propia forma de enseñar cómo predicar, centrándose en lo que ella llama "encarnación", estar plenamente presente en el cuerpo y usar toda la gama de la voz. Es un enfoque que requiere vulnerabilidad y autenticidad, la voluntad de ser uno mismo en el púlpito. Al principio, la comunidad del seminario se mostró escéptica y algunos consideraron que sus métodos eran sospechosos, incluso inmorales. Pero sus alumnos respondieron y, con el tiempo, su clase se convirtió en un paraíso de profundidad y alegría. Luchó contra la disonancia entre el espacio que estaba creando y el resto del seminario. "Los alumnos vivían experiencias transformadoras en mis clases, pero estas no parecían cambiar la cultura del seminario en su conjunto", afirma. "Con mucha frecuencia tenía la sensación de estar hablando en una sala sin resonancia; durante mucho tiempo tuve la sensación de que lo que hacía no encontraba respuesta en la comunidad. Por fortuna, eso ha cambiado en los últimos años".

Un factor decisivo en ese cambio ha sido la evolución de la comprensión de Ruthanna de lo que para ella significa estar en lo más alto de su campo. Se dio cuenta de que quería influir en toda la experiencia del seminario para los estudiantes. Poco a poco, se fue orientando hacia el trabajo administrativo. Cuando el seminario reconstruyó su capilla, Ruthanna se convirtió en su primera Decana Asociada de Culto, lo que le permitió establecer un tono más cálido e inclusivo cuando la comunidad se reunía para rezar. Unos años más tarde, fue ascendida de nuevo a su puesto actual de Vicedecana de Estudiantes, que le permite influir de forma considerable en la vida y la cultura del seminario.

Aunque al principio Ruthanna se resistía a ser la "profesora lesbiana de homilética", se acabó dando cuenta de que su sexualidad formaba parte de lo que aportaba al liderazgo. "Ser LGBTQ+ consiste en hablar o no hablar", afirma. "Puedes esconderte sin hablar. Pero mi forma de predicar tiene que ver con la autenticidad y con encontrar la propia voz. ¿Cómo puedo decirles a los estudiantes que deben llevar todo su ser al púlpito y a sus ministerios si yo no hago lo mismo?". Ahora, como decana de estudiantes, "predica" el ideal del liderazgo transformador, no solo con palabras, sino con el trabajo lento y constante del cambio sistémico.

¿Entonces ha alcanzado su sueño? "Quizá sí", dice pensativa. "Sin duda me he convertido en una líder dentro de esta institución". Continúa: "Todavía me importa mi campo académico, y nunca quiero dejar de enseñar, pero ahora el cambio cultural está en el corazón de mi vocación". Es la primera en reconocer que el seminario tiene un largo camino por recorrer para abordar la dinámica de género y el racismo arraigado. "Pero estamos haciendo el trabajo", dice con tono de satisfacción. "Mi impacto ha sido como el de la levadura, cambiando lentamente este lugar desde el interior".

La levadura es una metáfora evocadora para todos aquellos que se sienten llamados a iniciar un proceso de transformación comunitaria o social, porque en gran medida el trabajo es invisible durante mucho tiempo. La historia está llena de relatos, con frecuencia contados desde la perspectiva del éxito, que pasan por alto la prolongada lucha que sigue a la decisión de emprender ese camino, y cómo a menudo los miembros de una generación llevan la visión tan lejos como pueden y luego deben transmitirla a la siguiente. A veces, la siguiente generación incluso deshace los logros de sus antepasados, conseguidos con tanto esfuerzo, con oscilaciones pendulares como las que presenciamos en nuestra época con la anulación del caso *Roe vs. Wade* y otras decisiones del Tribunal Supremo de Estados Unidos. En la historia, como en nuestras vidas personales, no existe el camino recto.

Sin embargo, solo cuando individuos valientes deciden empezar y luego perseverar, la sociedad cambia. Un ejemplo es la incansable búsqueda durante décadas del juez del Tribunal Supremo Thurgood Marshall para desafiar las leyes de Jim Crow y las flagrantes prácticas de linchamiento, que, en palabras de su biógrafo Juan Williams, "guio a un pueblo anteriormente esclavizado por el camino de la igualdad de derechos".[6] La tenacidad y el genio jurídico de Marshall son ampliamente conocidos por la decisión del Tribunal Supremo en 1954, en el caso *Brown vs. el Consejo de Educación*, que declaró inconstitucionales las escuelas segregadas. Sin embargo, en nuestra memoria colectiva se ha desvanecido lo mucho que trabajó antes del caso *Brown vs. el Consejo* para erradicar los males de la segregación, ganándose el respeto a regañadientes de jueces y abogados blancos de todo el Sur y alcanzando un estatus casi divino en las comunidades negras.

Marshall procedía de un orgulloso linaje de negros esclavizados y libres que lucharon contra la esclavitud, establecieron negocios, educaron a sus hijos durante la Reconstrucción y construyeron sus casas en los barrios recién integrados de Baltimore. Pero en 1908, cuando Thurgood nació, había comenzado el resurgimiento de leyes y políticas de supremacía blanca. Durante su infancia y adolescencia, las restricciones eran cada vez más opresivas y despojaron a los negros estadounidenses de sus derechos legales y del acceso a la igualdad de vivienda, oportunidades de empleo y educación. Los linchamientos se convirtieron en el medio de control social.

La familia de Marshall luchó contra esta oleada de opresión sancionada por el Estado y protegió a sus hijos lo mejor que pudo de la violencia y la crueldad de la segregación, al enviarlos a las mejores escuelas de color que podían permitirse y echando mano de los recursos de la familia extendida para ayudarlos a obtener una educación universitaria. Aun así, Marshall y sus compañeros eran muy conscientes de que la sociedad dominante los trataba como si merecieran menos inversión educativa que sus homólogos blancos.

Su despertar político comenzó en la preparatoria, cuando el director lo castigó por mal comportamiento y le dio un ejemplar de la Constitución de Estados Unidos, diciéndole que se lo aprendiera de memoria, lo cual hizo en una tarde. Su interés fue creciendo poco a poco mientras asistía a la Lincoln University, una universidad de Pensilvania históricamente negra. Cuando se le negó la admisión en la Facultad de Derecho de la Universidad de Maryland por motivos raciales, solicitó a regañadientes ser admitido en la Facultad de Derecho de la Universidad Howard, que consideraba una institución con mucho menos reputación.

Marshall tuvo la extraordinaria suerte de llegar a Howard en 1929, el mismo año que su nuevo decano. Charles Hamilton Houston había puesto en marcha su audaz plan de hacer de Howard un "West Point del liderazgo negro".[7] La determinación de Houston de formar una generación de brillantes abogados negros inspiró a Marshall. Bajo el liderazgo de Houston, Marshall inició el camino de su vida para usar el sistema legal y desmantelar Jim Crow.

Un momento decisivo para iniciar el largo camino hacia la justicia llegó durante su último año en Howard. Dean Houston invitó a Marshall a unirse a su equipo de defensa legal en el caso de un hombre negro de Virginia, George Crawford, acusado de asesinar a dos mujeres blancas. Juntos trabajaron durante meses en la defensa de Crawford. A pesar de la falta de un arma o de testigos que relacionaran a Crawford con el crimen, el jurado, compuesto exclusivamente por blancos, lo declaró culpable. Sin embargo, gracias a la tenacidad de su equipo de defensa, Crawford se libró de la pena de muerte, lo que fue motivo de celebración. Como Marshall diría más tarde: "Si consigues cadena perpetua para un negro acusado de matar a un blanco en Virginia, has ganado, porque normalmente los ahorcaban".[8]

El caso Crawford y la oportunidad que tuvo a los veintidós años de estar en la sala del tribunal junto a su brillante mentor pusieron a Marshall en un rumbo del que nunca se apartó. "Marshall pensaba que los predicadores, los políticos, los empresarios e incluso los líderes de los derechos civiles podían hablar, recaudar dinero y publicar historias en los periódicos", escribe Williams. "Pero los abogados eran quienes debían levantarse y ayudar a un hombre negro que tenía la vida en juego".[9] Houston solía decirles a sus alumnos que podían convertirse en los arquitectos no solo de un sistema jurídico más justo, sino de un nuevo orden social, caso por caso. Ese se convirtió en el propósito de vida de Marshall.[10]

Al igual que otros líderes negros de su generación, Marshall creía que estaba en el umbral de un cambio histórico, pero no se hacía ilusiones sobre la sobrecogedora tarea que tenía ante él. A lo largo de las sombrías décadas de 1930 y 1940, Marshall viajó por el Sur profundo, "una fuente de inspiración y coraje", escribe el historiador Gilbert King, "mientras libraba innumerables batallas por los derechos humanos en las sofocantes salas de los tribunales previas a la guerra, donde reinaba la supremacía blanca".[11] Su tenacidad y brillantez jurídica quedaron patentes en sus argumentos ante el Tribunal Supremo, y después como primer estadounidense negro en formar parte del más alto tribunal del país de 1967 a 1991.

A diferencia de otros defensores de los derechos civiles de su época, Marshall vivió lo suficiente para ver cómo las mareas del cambio volvían a girar, esta vez en contra de sus esfuerzos. Cada vez estaba más aislado en el Tribunal Supremo, relegado a escribir opiniones discrepantes en un caso tras otro. En sus últimos años, se convirtió en un recluso. Sin embargo, su legado sigue figurando entre los mejores de sus colegas, nacido de su inquebrantable convicción de que la Constitución de Estados Unidos, aunque no se escribió para su pueblo, podía proporcionar el camino hacia su libertad; que los tribunales de justicia, aunque con frecuencia estaban injustamente sesgados en su contra, podían ser el escenario de la justicia; y que las leyes justas podían, de hecho, fomentar la decencia básica. "No es cierto el viejo refrán de que no se puede legislar la igualdad", dijo Marshall en una conferencia en la Casa Blanca en 1966. "Las leyes no solo proporcionan beneficios concretos, sino que incluso pueden cambiar el corazón de los hombres".[12]

La reverenda Dr. Pauli Murray, contemporánea de Marshall, también eligió el derecho como la mejor forma de perseguir la justicia para los negros estadounidenses. Desde muy joven, había participado en casi todas las formas de defensa y agitación, sobre todo con su forma favorita de ensayo: "La confrontación con la máquina de escribir".[13] A diferencia de la mayoría de los hombres de su generación, incluido Thurgood Marshall, ella estaba decidida a incluir a las mujeres negras en la lucha por la igualdad de derechos.

La vida de Murray fue un momento decisivo tras otro. Su familia mestiza era fuente de orgullo y devoción, pero la enfermedad mental y la pobreza seguían siendo problemas importantes. Fue criada por su tía Pauline, una profesora que la animó a seguir estudiando y, a pesar de las impresionantes barreras, Murray pasó gran parte de su vida en entornos académicos, siempre entre las mejores de su clase. Siempre fue pobre, trabajó casi sin cobrar como escritora, organizadora sindical y recaudadora de fondos, y más tarde como abogada. Nunca permaneció mucho tiempo en ningún puesto. Luchó en privado con su sexualidad y su identidad de género hasta que conoció al amor de su vida, Renee Barlow, a finales de sus cuarenta. Los argumentos jurídicos de Murray, elaborados en estados casi maníacos de trabajo intenso y privación física, ahora forman parte del canon de la legislación sobre derechos civiles, aunque nunca fue debidamente compensada ni reconocida por sus esfuerzos.

Murray ingresó en la Facultad de Derecho de Howard en 1941, doce años después que Thurgood Marshall. Varios acontecimientos la habían llevado a la conclusión de que el derecho era el ámbito más eficaz para buscar la transformación de la sociedad en cuestiones de raza. Pero cuando se preparaba para ocupar su lugar entre los aspirantes a abogados de Howard, Pauli se quedó atónita ante los abrumadores prejuicios de género que encontró. Había crecido rodeada de mujeres fuertes, había asistido a una universidad femenina, se había vuelto amiga de Eleanor Roosevelt y había trabajado en organizaciones donde las mujeres ocupaban puestos de liderazgo. Era la primera vez que experimentaba de lleno los efectos de la discriminación de género. "En el entorno íntimo de una facultad de Derecho para negros dominada por hombres, el factor racial desaparecía", escribió en sus memorias, "y el factor de género quedaba totalmente expuesto".[14] Todas sus energías se habían centrado antes en la lucha contra las leyes prejuiciosas basadas en la raza. Ahora, en una institución negra casi exclusivamente masculina, se encontró con lo que describió como los males gemelos de la violencia discriminatoria que ella con acierto llamó "Jane Crow".

Esa marginación la motivó. "Murray se enfrentó a la discriminación de género de la misma manera en que se enfrentó a la discriminación racial: intentando demostrar sus capacidades", escribe Troy Saxby en *Pauli Murray: A Personal and Political Life* (Pauli Murray: Una vida personal y política).[15] Otra biógrafa, Rosalind Rosenberg, está de acuerdo en que la experiencia de Murray en Howard fue el principal punto de inflexión: "La experiencia de Murray de no sentirse bienvenida fue crucial para ella. A partir de ese momento, empezó a pensar en la lucha por los derechos civiles en un sentido más amplio, como un movimiento que debía abarcar los ataques no solo contra la discriminación racial, sino también contra la discriminación por razón de sexo".[16] Durante toda su vida, se propuso que la igualdad entre hombres y mujeres fuera innegociable en la legislación sobre derechos civiles y en la práctica social.

Cuando todavía estudiaba derecho, Murray concibió por primera vez los argumentos jurídicos que más tarde resultaron cruciales en la decisión del Tribunal Supremo de 1954 sobre la equidad racial en el caso *Brown vs. el Consejo de Educación* y su sentencia de 1971 en favor de la igualdad de género en el caso *Reed vs. Reed*.[17] Fue un ataque audaz contra ambas formas de discriminación, basado en las enmiendas trece y catorce de la Constitución, que abolieron la esclavitud y les concedieron la plena ciudadanía a todas las personas nacidas en Estados Unidos. Pero, de hecho, durante generaciones, el Tribunal Supremo anuló las protecciones legales para las personas de color, sobre todo en el caso *Plessy vs. Ferguson* de 1896. Todos los esfuerzos por anular *Plessy vs. Ferguson* hasta entonces se habían centrado en las grandes desigualdades de la vida segregada, reduciendo las disparidades raciales caso por caso. Murray, por el contrario, se convenció de que el camino a seguir era cuestionar las indignidades inherentes y los daños irreparables provocados por la propia separación.

Argumentó que la segregación de las razas y de las personas por sexos estaba diseñada para mantener un sistema de castas en este país.

Al principio, los compañeros y profesores de Murray se burlaron de la idea de incluir a las mujeres en la lucha legal por los derechos civiles. Tampoco estaban convencidos de que fuera posible un ataque directo a *Plessy vs. Ferguson*. Pero Murray convenció a su asesor académico para que le permitiera escribir su tesis explorando ese enfoque. Este se convirtió en la base de escritos posteriores que algún día atraerían la atención de Howard Thurman y, más tarde, de Ruth Bader Ginsburg. El exhaustivo estudio de Murray sobre las leyes de segregación racial en todo el Sur, *States' Laws on Race and Color: Studies in the Legal History of the South*, se convirtió en "la Biblia para los litigantes de derechos civiles", en palabras de Thurgood Marshall. También, de forma sistemática les pidió cuentas a los líderes masculinos y unió fuerzas con el floreciente movimiento feminista.

Murray es el ejemplo de una vida que se adelantó a su tiempo. Sentó las bases de lo que se convertiría en norma en nuestra sociedad. Aunque su experiencia personal con frecuencia fue un fracaso, se sintió satisfecha cuando sus ideales fueron reivindicados. En sus últimos años, solía decir: "He vivido para ver encontradas mis causas perdidas". Una de sus postergadas victorias tiene un significado especial para mí y para todas las mujeres del clero: como cristiana practicante y miembro de toda la vida de la Iglesia episcopal, Murray participó activamente en el debate que duró décadas para permitir la ordenación de mujeres. En el microcosmos de nuestra Iglesia, fue un debate tan feroz y desagradable como la lucha por los derechos de la mujer en la sociedad en general. En 1977, un año después de la Convención General de 1976, el órgano de gobierno de la Iglesia episcopal votó a favor de ese cambio histórico, y Pauli Murray se convirtió en la primera mujer negra ordenada como sacerdote episcopal.

Una visión de lo que podría ser es lo que nos inspira para emprender un viaje. A veces avanzamos con decisión hacia una meta; otras veces empezamos solo con un movimiento sutil. En cualquier caso, el camino es largo y no hay atajos. Empezamos dando el primer paso, y todos los pasos siguientes. A lo largo del camino cambiamos, el objetivo mismo puede cambiar, o tal vez ni siquiera se realice. Pero al decidir empezar, nos ponemos en el camino de nuestra transformación. La visión puede ser audaz, pero junto con ella viene una sensación de entusiasmo y propósito. En los inevitables momentos de decepción y fracaso, aprendemos a ser valientes y a no rendirnos.

Decidir emprender un viaje valiente tiene el efecto de tejer nuestras experiencias pasadas en un tapiz más amplio de significado. Nada se pierde ni se desperdicia. Reconocemos que nuestros esfuerzos están en deuda con quienes nos precedieron. Desde su perspectiva, nuestra decisión de empezar puede ser, de hecho, una continuación del trabajo que ellos comenzaron, o la realización en nuestra vida de lo que ellos solo podían imaginar en sus sueños. Cuando decidimos emprender algo que requiere valor, con frecuencia estamos creando nuevas posibilidades para los que vienen detrás. Nuestro ejemplo puede ser el que inspire a otros a volverse hacia su Jerusalén, sea cual sea el camino que Dios haya puesto ante ellos.

Sin embargo, cuando comenzamos, no hay garantías de que vayamos a llegar a la orilla que se dibuja en nuestro horizonte. Hay fuerzas en la vida y en nuestro mundo que nos paralizan y nos impiden avanzar, fracasos de los que no podemos recuperarnos y circunstancias que escapan a nuestro control y a nuestro poder de cambio y que exigen otro tipo de valentía, un nuevo comienzo.

CAPÍTULO 4

Aceptar lo que no eliges

> Dios, concédeme la serenidad para
> aceptar las cosas que no puedo cambiar,
> valor para cambiar las cosas que puedo,
> y sabiduría para reconocer la diferencia.
>
> REINHOLD NIEBUHR[1]

La noticia no me sorprendió del todo. Desde hacía tres meses que mi hermana sabía que algo no andaba bien. Pero cuando Christine me llamó una mañana de enero muy temprano para decirme que a su compañero de vida, Jack, le habían diagnosticado un cáncer de pulmón en estadio IV, había conmoción y pavor en su voz.

El pronóstico de Jack no era bueno, pero sus médicos lo animaron a mantener la esperanza y de inmediato empezó un tratamiento de quimioterapia. Los efectos secundarios fueron terribles. La vida de Christine, que antes se dedicaba a las actividades de sus nietos, al trabajo voluntario y a ayudar en el negocio de Jack, ahora estaba totalmente orientada a cuidar de él. Casi todos los días viajaba al hospital para sus tratamientos o para hacerle compañía cuando estaba demasiado enfermo como para volver a casa. Esas mañanas, con frecuencia nos llamábamos cuando íbamos en nuestros coches.

Un día Christine me dijo que ahora conocía todos los rincones del complejo hospitalario, desde los niveles inferiores del estacionamiento, pasando por los pasillos laberínticos, hasta llegar a numerosos pisos. "No estaba en mis planes para 2019", dijo riendo irónicamente, "pero supongo que esto es lo que Dios quería que aprendiera".

Yo sabía que Christine realmente no creía que Dios hubiera orquestado la enfermedad de Jack para que ella pudiera adquirir esta información tan mundana. Era su forma de expresar cómo estaba aceptando una situación horrible, confiando en que Dios estaba en algún lugar en medio de todo ese lío. Yo siempre había admirado a mi hermana por su fortaleza y su forma de enfrentar la vida; ahora veía con asombro cómo cuidaba a Jack con un amor decidido.

Disfrutaron de un breve respiro tras la última ronda de quimioterapia, cuando Jack fue declarado libre de cáncer. Pero con la buena noticia llegó el sobrio consejo de su médico de que ahora era el momento de poner sus asuntos en orden y hacer todo lo que tenía en su lista de deseos. Christine se puso manos a la obra. Animó a los hermanos de Jack a que lo llevaran a una expedición de pesca a la costa del Golfo, su gran pasión. Ella se aseguró de que pasara tiempo con sus hijos y nietos, y concluyó el traspaso de su negocio a una de sus hijas. Ese verano visitaron el Parque Nacional de Yellowstone y fueron unas vacaciones de ensueño empañadas por el creciente cansancio de Jack.

Cuando regresaron de Yellowstone, los médicos confirmaron que los tumores habían vuelto y se habían extendido. Las opciones de Jack disminuían, pero él seguía decidido a luchar y Christine lo apoyaba en silencio. Sin embargo, en las conversaciones que mantenía conmigo, expresaba su tristeza por la forma en que él había decidido pasar sus últimos días. Tenía que contener su enojo con los médicos. ¿Por qué le daban falsas esperanzas?

Paul y yo volamos a Texas a finales de julio. Jack, una sombra de lo que fue, nos saludó con calidez. Christine parecía agotada, pero sin quejarse lo llevaba todos los días a la radioterapia y después él dormía. Por las tardes, nos sentábamos en el porche trasero mientras él fumaba. Le pregunté si tenía miedo. "No tiene buena pinta", reconoció, pero no dijo nada más. Cuando llegó el momento de despedirnos, Jack nos dio las gracias por haber ido a visitarlo. "Espero volver a verlos", dijo. El día que volvimos a casa, los médicos le dijeron que no había nada más que pudieran hacer. Antes de que Christine tuviera tiempo de alistar la cama que había comprado, él ya se había ido.

No había nada en esta situación que Christine hubiera elegido para sí misma, y desde luego no para Jack. Al verla navegar por su enfermedad y sus cuidados, me acordé de las palabras de Howard Thurman sobre la fuerza espiritual necesaria para aceptar un destino no elegido como propio, y la gracia que surge de esa aceptación. Entre las muchas cosas con las que Christine tuvo que hacer las paces estaba la incapacidad de Jack para aceptar lo que no podía cambiar, y un sistema de salud que no estaba dispuesto a dejarlo morir en paz. Lo único que Christine podía controlar era cómo responder ante lo que sucedía. Eligió el amor.

Aceptar lo que no hemos elegido y no podemos cambiar es una de las decisiones más valientes que tomamos, y la más difícil. Cuando nos enfrentamos a una situación terrible, la negación suele ser nuestra primera respuesta, ya que nuestro cerebro se esfuerza por asimilar una nueva realidad no deseada. Cuando los hechos persisten con obstinación, hacemos lo que podemos para evitar el resultado que más tememos. Esto es instintivo, porque fuimos creados para la vida. Incluso la oración de la serenidad, con su énfasis en aceptar las cosas que no podemos cambiar, también nos exhorta a cambiar las cosas que sí podemos. Pero, en general, no llegamos a la aceptación hasta que hemos agotado todas las demás opciones.

La aceptación puede parecer pasividad o resignación, pero no lo es. En la aceptación, nos comprometemos de forma activa con lo que se nos presenta, *precisamente porque es lo que se nos presenta*. No hay vuelta atrás. Una vez experimenté turbulencias aéreas graves, de esas que nos hacían preguntarnos si el avión se iba a estrellar. Cuando el capitán habló por megafonía en el peor momento, transmitió gravedad y calma: "Amigos, como pueden ver estamos pasando por un momento difícil. Lamento decirles que no hay forma de evitarlo, así que agárrense fuerte. La única forma de salir de esta es atravesarla".

Al ser alguien que se levanta casi todos los domingos por la mañana para hablar de Dios, he aprendido que una de las funciones más importantes de la predicación es nombrar la realidad lo mejor que puedo. Esa tarea me quedó especialmente clara el 8 de marzo de 2020, cuando hablé desde el púlpito de Canterbury de la Catedral Nacional de Washington, después de haber cerrado abruptamente todas las iglesias episcopales de la diócesis de Washington. Esto fue en los primeros días de la pandemia por covid-19, cuando el cierre de nuestras iglesias se sentía como la decisión más drástica que jamás tomaría como obispa. No sabíamos cuántas decisiones más drásticas se tomarían conforme la pandemia dominara nuestras vidas. Todos esperábamos un final rápido.

Me di cuenta de que mi tarea consistía en decir lo que nadie, ni siquiera yo misma, quería escuchar: era hora de prepararnos para un largo periodo de dificultades e incertidumbre. Me venía a la cabeza el coro de un viejo himno: "Concédenos sabiduría, concédenos valentía, para enfrentar esta hora".[2] Pensé en todos los que habían hablado desde ese mismo púlpito en otras épocas de calamidad nacional —guerras, atentados terroristas, desastres naturales— y en que pocas crisis terminan tan pronto como lo deseamos. Entonces recordé al joven Frodo Bolsón, el héroe reticente de *El Señor de los Anillos*, de J. R. R. Tolkien, y su aceptación de un destino que no deseaba.

En la tierra ficticia de Tolkien de magos, elfos y criaturas gentiles conocidas como hobbits, el mal acecha en el horizonte. Un señor oscuro llamado Sauron pretende dominar y esclavizar a todos los habitantes de la Tierra Media. El poder que necesita está contenido en un anillo mágico que ha estado perdido durante siglos, hasta que un viejo hobbit llamado Bilbo lo encuentra y se lo da a su sobrino, Frodo. El sabio mago Gandalf conoce la historia del anillo y la necesidad de evitar que caiga en manos de Sauron. Cree que Frodo es el destinado a llevar el anillo al único lugar donde puede ser destruido, un volcán ardiente conocido como Mordor.

En un intercambio que ha inspirado a los lectores durante generaciones, Gandalf exhorta a Frodo a tener valor. "El anillo vino a ti por una razón", le dice Gandalf. "Hay consuelo en eso". "Ojalá el anillo nunca hubiera venido a mí", dice Frodo sin esperanza. "Desearía que nunca hubiera sucedido". "Como todos los que viven en tiempos así", responde Gandalf. "Pero, aunque no podemos elegir los tiempos en que vivimos, sí podemos elegir cómo responder al tiempo que se nos da". Frodo dice al fin: "Tomaré el anillo, pero no conozco el camino". Gandalf le asegura más tarde: "Hay otras fuerzas que actúan en este mundo, Frodo, además de la voluntad del mal".[3]

Ese día relaté ese intercambio desde el púlpito, permitiendo que Frodo le diera voz a nuestro deseo colectivo de que la pandemia nunca hubiera ocurrido. Sin embargo, llegó en nuestro tiempo: no fue la primera pandemia ni será la última. La historia que nuestros hijos y nietos querrán que les contemos algún día no es *que* vivimos la pandemia de covid-19, sino *cómo* lo hicimos y qué aprendimos. Quería transmitir la afirmación de fe más audaz: en el mundo hay fuerzas que actúan para el bien, incluso en las horas más oscuras. Somos lo mejor de nosotros mismos, dije, cuando nos unimos a esas fuerzas y hacemos nuestra parte, inclinando la balanza cada vez más hacia el bien.

No tenía ni idea de cuánto duraría la pandemia, cuántas vidas se perderían y cómo cada variante causaría otra oleada de infecciones, enfermedades y muertes. Conforme atravesábamos 2020, el covid-19 puso al descubierto las fallas de nuestra sociedad, como las desigualdades raciales y socioeconómicas, la debilidad del sistema de salud pública y la polarización política. Mientras las tasas de mortalidad desproporcionadas entre las personas de color y los casos de violencia policial y de vigilancia parapolicial contra los estadounidenses de raza negra dominaban las noticias, algunos empezaron a hablar de dos pandemias interrelacionadas: el coronavirus y el racismo sistémico.

Dos años después de la pandemia, tras el verano de protestas provocadas por el asesinato policial de George Floyd, las tumultuosas elecciones presidenciales de 2020 y la violenta insurrección en el Capitolio de Estados Unidos, me invitaron a dirigir un seminario sobre liderazgo para un grupo ecuménico de clérigos. Acepté encantada, porque sabía que estaría entre compañeros de profesión que esperaban de mí que fuera una aprendiz junto a los aprendices, no una experta. Todos nos estábamos abriendo camino en el terreno de lo que los profesores de la Escuela de Negocios de Harvard, Ronald Heifetz y Marty Linksy definieron como "trabajo adaptativo", los retos a los que se enfrentan los líderes cuando sus comunidades y organizaciones ya no pueden confiar en lo que les funcionó en el pasado, sino que deben dar un salto evolutivo para prosperar en un nuevo entorno.[4]

Casi al final de un día de animada conversación, uno de los profesores del seminario, un hombre al que admiro desde hace casi treinta años, me preguntó qué les respondería a varios de sus colegas que se preguntaban si había llegado el momento de abandonar este país, por miedo al rumbo que estaba tomando. Tuve la sensación de que quizá preguntaba por sí mismo, un judío criado a la sombra del Holocausto, y también por los demás. Escogí con cuidado mis palabras y le contesté: "En los momentos cruciales, todo el mundo debe tomar decisiones difíciles. A veces, la decisión más sabia y que más reafirma la vida es partir, porque la seguridad personal no está garantizada ni la justicia está asegurada en nuestro sistema de justicia penal. Pero este país ahora necesita líderes y ciudadanos capaces de enfrentar las cosas como son, trabajar para cambiar lo que puede cambiarse y no perder la esperanza en el futuro". Repetí algo que había dicho en octubre de 2021 a colegas de nuestra diócesis cuando hablábamos sobre el futuro de nuestra denominación: "Si este barco se hunde, yo me hundiré con él; pero no sin hacer todo lo posible para que eso no suceda".

Mientras hablaba, me vino a la mente Dietrich Bonhoeffer, el pastor y teólogo alemán que vivió durante el ascenso de Adolf Hitler. Aunque la mayoría de los líderes cristianos alemanes de los años treinta y principios de los cuarenta se alinearon con un movimiento cristiano alemán pronazi (Deutsche Evangelische Kirche), Bonhoeffer se unió a un grupo de resistencia conocido como la Iglesia Confesante (Bekennende Kirche). Cuando Bonhoeffer viajó a Gran Bretaña y Estados Unidos en busca del apoyo de los líderes cristianos de las naciones aliadas, sus amigos y colegas le instaron a permanecer en el exilio, pero él decidió regresar a Alemania. En una carta a Reinhold Niebuhr, que antes de la guerra había invitado a Bonhoeffer a enseñar en el Seminario Teológico de Unión de Nueva York, explicaba por qué: "No tendré derecho a participar en la reconstrucción de la vida cristiana en Alemania después de la guerra si no comparto las pruebas de este tiempo con mi pueblo".[5]

Bonhoeffer sabía que su decisión ponía su vida en peligro, y de hecho fue arrestado en 1943 y ejecutado por la Gestapo el 9 de abril de 1945. "Nadie es responsable de toda la injusticia y el sufrimiento del mundo", escribió Bonhoeffer desde la cárcel en 1943. "Aun así, debemos participar en la grandeza del corazón de Cristo, en la acción responsable que en la libertad se impone en este momento. Lo que nos queda es el estrecho camino, a veces apenas perceptible, de vivir cada día como si fuera el último y, sin embargo, vivirlo fiel y responsablemente, como si de nuevo hubiera un gran futuro".[6]

"Por mucho que cualquiera de nosotros quisiera irse", les dije a mis colegas por Zoom ese día, "este es nuestro momento. No hemos elegido las circunstancias en las que nos encontramos. Lo único que podemos hacer es decidir cómo vamos a responder".

Aceptar lo que no elegimos significa, invariablemente, hacer las paces con el sufrimiento, un tema que recorre los textos judíos y cristianos de la Biblia. Para el apóstol Pablo, autor de la mayoría de las cartas del Nuevo Testamento, el sufrimiento era un medio de solidaridad con Cristo, cuyo mensaje en un principio había rechazado. Pablo era líder judío por derecho propio y nunca conoció a Jesús de Nazaret y, antes de su experiencia de conversión, se encargó de perseguir a los seguidores de Jesús en un esfuerzo por erradicar lo que consideraba como una secta peligrosa. Pero tras su encuentro espiritual con Cristo resucitado y un periodo de aislamiento autoimpuesto, Pablo emergió como un incansable evangelista y organizador comunitario que casi sin ayuda difundió el mensaje de Jesús por todo el Imperio romano.

Pablo creía que el sufrimiento era necesario para la madurez espiritual y la unión mística con Cristo. En su Carta a los Romanos, llega a decir que los seguidores de Jesús deben jactarse de su sufrimiento,

> sabiendo que el sufrimiento produce resistencia, y la resistencia produce carácter, y el carácter produce esperanza, y la esperanza no nos defrauda, porque el amor de Dios ha sido derramado en nuestros corazones a través del Espíritu Santo que nos ha sido dado.[7]

Pablo no era masoquista, pero estaba convencido de que el amor de Dios por la humanidad encontraba su máxima expresión en la crucifixión de Jesús. Como seguidor de un Señor crucificado, se sentía llamado a asumir su parte de sufrimiento por amor.

Pablo no se detuvo en las penurias que sufrió por sus esfuerzos para dar a conocer a Cristo. Desde la celda de una prisión romana le escribió a una comunidad cristiana que estableció en Filipos (en la actual Grecia) y les aseguró a sus amigos preocupados que estaba en paz: "Quiero conocer a Cristo, el poder de su resurrección y la participación en sus sufrimientos, volviéndome semejante a él en su muerte".[8] En otra carta atribuida a Pablo, escribió: "Ahora me alegro de mis sufrimientos por ustedes, y completo en mi carne lo que le falta a las aflicciones de Cristo por el bien del cuerpo, es decir, de la Iglesia".[9]

Solo una vez Pablo dejó entrever su lucha interior y cómo llegó a aceptar lo que no había elegido. En su segunda carta a los cristianos de Corinto, Pablo se refirió a una "espina en la carne" que creía que le había sido dada "para evitar que se exaltara demasiado":

> Tres veces apelé al Señor acerca de esto, para que me dejara, pero me dijo: "Mi gracia te basta, porque el poder se perfecciona en

> debilidad". Así pues, me gloriaré con mayor alegría de mis debilidades, para que habite en mí el poder de Cristo. Por eso me conformo con las debilidades, los insultos, las penurias, las persecuciones y las calamidades por causa de Cristo; porque siempre que soy débil, entonces soy fuerte.[10]

Pablo no revela la naturaleza ni el origen de su dolor, solo que siempre lo acompañó. Su plegaria para que se le perdonara el sufrimiento fue atendida, no en su liberación, sino por la gracia que le permitió encontrarle sentido.

Con frecuencia recurro al ejemplo de Pablo, aunque confieso que rezo mucho más de tres veces para que me quiten las cosas que no elegí. Sin embargo, cuando esas oraciones no tienen respuesta, o cuando la respuesta, como en el caso de Pablo, es negativa, ¿a dónde más acudir?

El dolor crónico me recuerda a diario el reto y la gracia de aprender a vivir con lo que no puedo cambiar. Primero apareció como un caso grave de tendinitis en uno de mis tobillos que duró varios meses. Nunca había sentido un dolor así, y al principio lo ignoré y mantuve mis rutinas normales de actividad física. Al poco tiempo apenas podía caminar. Entonces me vi obligada a dejar descansar el tobillo, y la inactividad reveló crudamente lo que siempre había sospechado: que el ejercicio era la forma en que yo lograba mantener a raya la depresión. La desesperación me invadía en oleadas.

Cuando el tobillo empezó a mejorar, el dolor se trasladó a la parte baja de la espalda. Aunque ahora podía caminar, era una agonía estar sentada durante mucho tiempo y también estar recostada. Pasaron meses sin alivio, luego un año y luego otro. Aprendí lo agotador que puede ser el dolor crónico y lo difícil que es hablar de él. Todo el mundo quería que me sintiera mejor, y yo sentía que los estaba defraudando. Mi madre, la fisioterapeuta, me decía una y otra vez: "No debería dolerte la espalda", como si eso resolviera el asunto. Podía seguir funcionando en mi vida diaria y, con el tiempo, quienes me rodeaban asumieron que me había curado. Yo titubeaba entre evitar el tema y desear que a la gente le importara más.

En esos años, consulté a todo tipo de especialistas y me sometí a múltiples pruebas, sin obtener un diagnóstico concluyente. Fui a varios quiroprácticos, cada uno de los cuales me ofreció un alivio que nunca duró más de unas horas. Desesperada, me apunté a diez sesiones de Rolfing, un tratamiento conocido por su incomodidad y por su costo. En mi última visita, el Rolfer me dijo que no me pasaba nada en la espalda. "Tu cerebro está atrapado en un bucle de dolor", me dijo con autoridad. "Lo único que puedes hacer es seguir diciéndote a ti misma que no pasa nada. Al final tu cerebro captará el mensaje". Durante un tiempo le creí e intenté reeducar a mi cerebro, pero no funcionó. De hecho, nada "funcionó" en el sentido de que vivo con dolor de espalda crónico hasta el día de hoy.

Con el tiempo, encontré un alivio parcial mediante una combinación de ejercicio, un tratamiento quiropráctico periódico, mejorar mi postura y meditar. Pero primero tuve que aceptar que el dolor no desaparecía. Encontré otro quiropráctico que se tomó en serio mi sufrimiento y lo visité cada semana durante unos seis meses. Me enseñó una radiografía que mostraba la curvatura de mi columna vertebral y la ligera protuberancia de mi barbilla, quizá causada por alguna lesión que no recuerdo.

En nuestra última sesión, me tomó otra radiografía. Tras estudiarla detenidamente, se volvió hacia mí. "Hemos hecho todo lo posible para corregirlo", me dijo. Se me encogió el corazón. "Entonces, ¿nunca mejorará?", le pregunté. "Tal vez no", dijo. "Pero quizá sea una de esas afecciones que, paradójicamente, favorecen la salud". Luego añadió algo que se ha convertido en un mantra para mi vida: "Si atiendes la debilidad de tu espalda y la rodeas de fortaleza, vivirás una vida larga y sana".

Sus palabras han demostrado ser ciertas. Cada mañana me despierto con dolor de espalda; cada mañana me tomo el tiempo necesario para estirar los músculos hasta que el dolor disminuye. Al final del día, vuelvo a estirarme para poder dormir toda la noche. He aprendido que, si quiero vivir sin molestias constantes, estos ejercicios no son opcionales, y con los años han tenido el efecto auxiliar de mantener mi cuerpo flexible y relativamente en forma. Si el dolor me distrae demasiado, como a veces sucede, puedo intentar otros remedios, pero hace tiempo renuncié a la idea de que alguna vez dejaré de tenerlo. La aceptación es liberadora, en el sentido de que ya no lucho con mi cuerpo, y eso le permite a mi cerebro centrarse en otras cosas. Tal vez eso era lo que el Rolfer intentaba decirme. Vivir con dolor también me ha hecho sentir empatía por otras personas que padecen enfermedades crónicas y todas las demás circunstancias que nunca elegiríamos para nosotros mismos, pero que debemos aprender a aceptar.

Muchas personas soportan un dolor mucho mayor que el mío, sin alivio y sin un sentido que obtener de él, y de ninguna forma pretendo minimizar su sufrimiento. Al mismo tiempo, el dolor encierra un misterio que todas las grandes tradiciones religiosas señalan, y quienes lo han experimentado dan testimonio de su poder transformador. No juzgan a quienes no comparten su experiencia, pero quieren que sepamos que es posible encontrarle sentido a la adversidad, incluso a las circunstancias que habríamos dado cualquier cosa por evitar. Quienes ofrecen una interpretación más matizada, incluso positiva, de su propio dolor me han dado esperanza con el mío y la seguridad de la bendición que está al otro lado de la aceptación.

Entre quienes hablan y escriben con la autoridad del conocimiento de primera mano, se encuentra la doctora Rachel Naomi Remen, una de las primeras practicantes de la medicina integrativa, o salud cuerpo-mente. A sus ochenta años, Remen lleva más de sesenta padeciendo la enfermedad de Crohn, un trastorno intestinal crónico, progresivo y, en ocasiones, insoportablemente doloroso. En su experiencia de toda una vida como paciente y como médico, ha convivido con las limitaciones de la medicina occidental para curar junto con nuestra capacidad innata de curación. Ha escuchado y recogido las historias de innumerables hombres, mujeres y niños que también encontraron reservas de sabiduría y paz en su sufrimiento.

En *Kitchen Table Wisdom: Stories that Heal* (La sabiduría de la mesa de la cocina: Historias que curan), la Dra. Remen da testimonio de lo que ha aprendido al estar atenta a su propia vida y a la de sus pacientes. Al principio de su formación médica, se dio cuenta de que las historias que le contaban las personas eran mucho más convincentes que las enfermedades que intentaba tratar. "Era la conversación de la gente en los refugios antiaéreos, la gente sitiada, la gente en tiempos de crisis común en todas partes", escribe. "Escuché a seres humanos que sufrían y respondían a su sufrimiento de formas tan únicas como sus huellas digitales. Sus historias eran inspiradoras, conmovedoras e importantes. Con el tiempo, la verdad que contenían empezó a curarme".[11]

Remen describe su propio camino hacia la aceptación, y cómo ella llegó ahí poco a poco con el paso del tiempo. En un ensayo titulado "Damming the River" ("Represar el río"), describe la ira que sintió, a los quince años, en respuesta a la enfermedad que había definido de repente su vida: "Odiaba a toda la gente sana. Odiaba a la parte de mi familia que me había transmitido esos genes. Odiaba mi cuerpo. Estuve en este estado de ira durante casi diez años".[12]

El punto de inflexión llegó en la Facultad de Medicina, cuando le ofrecieron una residencia en un hospital de formación de primer nivel. Era el puesto de sus sueños, pero su agotamiento no cedía y eso la hizo dudar de poder con el trabajo. Narra que caminaba junto a un cuerpo de agua, sintiéndose desolada y con envidia de otras personas de su edad que parecían tener una energía ilimitada. La ira familiar inundó sus sentidos. "Pero, por alguna razón, esa vez no me ahogué en ella", escribe. "En cambio, me di cuenta de que pasaba y se iba, y algo dentro de mí me dijo: '¿Crees que no tienes vitalidad? Aquí tienes tu vitalidad'".[13]

Remen se dio cuenta de que su ira era la expresión de una fuerza más profunda en su interior, la parte de ella que amaba la vida y quería vivir al máximo. A lo largo de los años, la había ayudado a luchar contra las limitaciones de su enfermedad. Ahora comprendía que había llegado el momento de canalizar esa energía feroz de una forma nueva. "Fue como la fuerza de un río represado", escribe.[14] Decidió soltar su ira, su deseo de culpar a los demás y encontrar defectos en el mundo, dispuesta por fin a aceptar el dolor y abrazar el don de su vida.

Remen nunca anima a sus pacientes a "superar" su ira, porque puede ser lo que los mantiene vivos. Más bien, escucha y espera a que cada persona descubra otras expresiones de la fuerza vital que lleva dentro. Su aceptación de la ira en cualquiera de sus formas me ha ayudado a apreciar su lugar y su poder en el proceso de curación, y al mismo tiempo a considerar toda la gama creativa de posibilidades que hay en nosotros, de manera que al aceptar lo que no podemos cambiar, también podamos conocer la alegría.

La aceptación, a diferencia de la evitación o la negación, nunca aparta la vista del sufrimiento, sino que lo enfrenta directamente y trata de situarlo dentro de una narrativa más amplia. Remen habla de una ocasión en la que, tras una operación abdominal importante, desarrolló peritonitis, una inflamación potencialmente mortal de la membrana que recubre la pared abdominal, y sepsis, un problema también muy grave. La llevaron de urgencia para operarla de nuevo. Cuando las enfermeras fueron a cambiarle las vendas al día siguiente, Remen miró su cuerpo esperando ver una larga incisión con puntadas. En su lugar, había un agujero enorme, como si aún estuviera en el quirófano. Debido a sus infecciones, la herida quedaría abierta para curarse por sí sola.

Remen no se atrevía a mirarse el abdomen. Cuando las enfermeras iban cada día a cambiarle los vendajes, se volteaba, incapaz de enfrentarse a lo que estaba segura que era una herida mortal. Así fue hasta que se dio cuenta de que, en realidad, no se estaba muriendo. Se le ocurrió un nuevo pensamiento: "*Si iba a vivir con ello, tenía que verlo*",[15] escribe. Ese es el valor de la aceptación: mirar directo a lo que tememos y confiar en que podemos sobrevivir. Cuando lo hizo, Remen se sorprendió al ver que la herida ya había empezado a cicatrizar.

Sin embargo, no todas las heridas cicatrizan y hay enfermedades con las que no podemos vivir mucho tiempo. Remen no es ajena a las limitaciones del cuerpo humano. En esos casos, insiste en la importancia de dejar que aflore el dolor. Nos asegura que partir de ese dolor surgen nuevas posibilidades, y cuando la curación no es posible puede haber una sanación de otro orden. Esta no es una respuesta que podamos escuchar cuando todavía nos aferramos a la esperanza de recuperarnos. Sin embargo, cuando esa esperanza desaparece, algunos damos fe de sentirnos vivos de una forma nueva. En una colección de ensayos titulada *My Grandfather's Blessings: Stories of*

Strength, Refuge, and Belonging (Las bendiciones de mi abuelo: Historias de fortaleza, refugio y pertenencia), Remen escribe: "Como médico, he acompañado a personas que han descubierto en sí mismas una fuerza inesperada, un coraje más allá de lo que creían posible, un insospechado sentido de la compasión o una capacidad de amar más profunda de lo que jamás habían soñado".[16] Creo que eso es lo que quería decir Jesús cuando comparó el Reino de Dios que llevamos dentro con una perla de gran valor.

En la fe cristiana, vemos en Jesús la presencia de Dios en forma humana, aceptando el mundo tal como es y revelándonos la naturaleza del amor divino. Podemos consolarnos con el hecho de que incluso Jesús luchó y, en la hora final, rezó para librarse del dolor y el sufrimiento de la muerte. Tres de los cuatro relatos de la vida de Jesús no se esfuerzan por ocultarnos la agonía que padeció Jesús en las horas previas a su crucifixión.

Según tres de los cuatro Evangelios —Marcos, Mateo y Lucas—, la noche antes de su muerte, Jesús comparte la cena de Pascua con sus doce discípulos y luego se retira a un huerto a orar. Sus discípulos más cercanos lo siguen hasta allí, pero conforme avanza la noche, el sueño se apodera de ellos y Jesús se queda prácticamente solo. Reza estas palabras desgarradoras: "Padre, si es posible, aparta de mí este cáliz; pero no se haga mi voluntad, sino la tuya".[17]

A pesar de toda la claridad que sintió una vez sobre su vocación y la aceptación inicial de su destino, en esa última noche, Jesús le ruega a Dios que le perdone la vida. Esta conmovedora escena nos asegura su plena humanidad: que él también conoció el miedo y el deseo de vivir. No nos dicen cuánto tiempo luchó Jesús entre su súplica a Dios y la aceptación renovada de lo que le esperaba. Solo sabemos que, en algún momento de esa noche larga y solitaria, Jesús aceptó su destino y lo convirtió en una ofrenda de amor sacrificial.

A lo largo de su vida y, sobre todo, en su muerte, Dios reveló en Jesús el poder de lo que el Dr. Martin Luther King Jr. denominó "sufrimiento redentor", una afirmación mística, y ciertamente controvertida, de que el sufrimiento no merecido tiene un poder espiritual que va más allá de nuestra comprensión o experiencia. Para los cristianos, Jesús crucificado se convertiría en un ícono de todo sufrimiento humano, y su resurrección en una promesa eterna de que el dolor y la muerte no tendrán la última palabra.

La noción de que el sufrimiento puede arrancar el bien del mal encuentra una rica expresión en la literatura bíblica. Una serie de pasajes poéticos de los escritos proféticos judíos conocidos como los Cantos del Siervo Sufriente influyeron en especial en la interpretación cristiana primitiva de la muerte de Jesús. Estos poemas, del Libro de Isaías, se atribuyen a un autor anónimo conocido como Segundo Isaías, debido a su voz distintiva y a su contexto histórico. Describen a una persona de espíritu bondadoso que fue despreciada por su bondad. Dios elige a este siervo para una misión de reconciliación y sanación: "Yo soy el Señor, te he llamado en justicia, te he tomado de la mano y te he guardado; te he dado como alianza al pueblo, luz a las naciones, para que abras los ojos que están ciegos, para que saques de la mazmorra a los presos, de la cárcel a los que se sientan en las tinieblas".[18]

La expresión más explícita del llamado al sufrimiento del siervo se encuentra en el capítulo 53 de Isaías, narrado desde la perspectiva de quienes se benefician del dolor que ha padecido el siervo:

> Ciertamente, él ha soportado nuestras dolencias
> y ha cargado nuestras enfermedades;

> sin embargo, lo tuvimos por herido,
> abatido por Dios y afligido.
> Mas él herido fue por nuestras rebeliones,
> aplastado por nuestros pecados;
> sobre él recayó el castigo que nos trajo la paz,
> y por su llaga nosotros fuimos curados.[19]

En el judaísmo, el Siervo Sufriente se entiende como la nación de Israel, llamada a abrazar las pruebas del exilio y a descubrir en el dolor colectivo de su pueblo un camino de redención para todas las naciones. Para los primeros cristianos, el Siervo Sufriente se convirtió en la lente interpretativa a través de la cual comprender el significado de la muerte de Jesús en la cruz.

Nuestros antepasados espirituales lucharon, como nosotros hoy, con la pregunta que no tiene respuesta satisfactoria: *¿por qué* debemos sufrir? En los textos bíblicos abundan los esfuerzos por explicar por qué el Siervo tuvo que sufrir y Jesús tuvo que padecer una muerte agónica. Como sucede con nuestros propios intentos de encontrarle respuestas a nuestro dolor, los razonamientos pueden ser inquietantes e incluso ofensivos. En un momento dado, el Segundo Isaías sugiere que Dios ha herido de forma intencional al Siervo:

> Sin embargo, fue la voluntad del Señor aplastarlo con dolor...
> El justo, mi siervo, hará justos a muchos y cargará con sus iniquidades.[20]

Es una visión inquietante de Dios, la cual se mantiene en constante tensión en los textos bíblicos y en las interpretaciones contemporáneas, con imágenes de Dios llenas de misericordia y bondad amorosa.

Los primeros cristianos veían en la muerte de Jesús un cumplimiento similar de la voluntad de Dios. El mismo Jesús llegó a esa conclusión en sus últimas horas, y a lo largo del Nuevo Testamento hay muchas referencias a Jesús muriendo "por nuestros pecados". Como escribe el apóstol Pablo en su Carta a los Romanos: "Por cuanto todos pecaron y están destituidos de la gloria de Dios, ahora son justificados por su gracia como don, mediante la redención que es en Cristo Jesús, a quien Dios propuso como sacrificio de expiación por su sangre, eficaz por la fe".[21]

Así, de estas experiencias de fe desgarradoras de la nación de Israel y de los primeros seguidores de Jesús surgió una afirmación teológica del sacrificio, arraigada en la premisa de que la justicia de Dios no tiene otra opción que exigir una recompensa por los pecados de la humanidad. Lo que hace que esta visión de Dios, que de otra forma sería terriblemente cruel, resulte algo aceptable es que, en Jesús, Dios *es* el sacrificio expiatorio. Desde este punto de vista, el sacrificio de Jesús se convierte en una expresión de hasta dónde puede llegar Dios en su amor por nosotros.

He luchado con esta visión de Dios y de la misión de Jesús durante la mayor parte de mi vida de fe, y no soy la única. Para cristianos y no cristianos, esta visión del sufrimiento de Jesús es el aspecto más desafiante y, francamente, poco atractivo de nuestra tradición. No responde a ninguna satisfacción real de por qué sufren los inocentes, ya que se centra en la restitución del pecado humano que, en la cosmovisión bíblica, es una afrenta a Dios. Aunque reconozco mi necesidad personal de una gracia salvadora que es mayor que mi pecaminosidad y creo que Jesús murió por los pecados del mundo, para mí la teoría de la expiación sigue siendo, en el mejor de los casos, una comprensión incompleta del sufrimiento redentor de Jesús. Sugiere que su muerte fue transaccional, algo solo entre Dios y Jesús, y que es lo más importante que hay que saber sobre Jesús. Pero en palabras de la difunta Rachel Held Evans, "Jesús no murió tan solo para salvarnos de nuestros pecados; Jesús *vivió* para salvarnos de nuestros pecados. Su vida y sus enseñanzas nos muestran el camino hacia la liberación".[22] Jesús se acercó a su muerte confiando en el amor de Dios, a pesar de lo que tuvo que soportar. Los primeros cristianos sabían sin lugar a dudas que el camino de Jesús era el del amor sacrificial.

Visto a través de la lente del amor, el sufrimiento del Siervo y la muerte de Cristo ofrecen una ventana al corazón de Dios. Es en toda la vida de Jesús, que culmina con su muerte en la cruz, donde vemos a aquel en quien "la plenitud de Dios se complació habitar".[23] O, como está escrito en el Evangelio de Juan, Jesús es una expresión de la luz de Dios que "brilla en las tinieblas, y las tinieblas no la vencieron".[24] En Jesús, vemos el rostro humano de Dios, como alguien que sufre junto a la humanidad para revelar la profundidad del amor divino. Quienes estamos llamados a seguirlo hemos de caminar por esa misma senda de amor, cargando con nuestra propia cruz según lo exija la vida.

Es verdad que, ante el trauma y el sufrimiento, no hay respuestas satisfactorias, y los temas bienintencionados pueden sentirse como sal en la herida. Como Kate Bowler escribe en sus memorias sobre la vida después de un diagnóstico de cáncer en estadio IV, *Everything Happens for a Reason and Other Lies I've Loved* (Todo pasa por algo y otras mentiras que me han encantado), no nos damos cuenta de lo vacías que son esas palabras hasta que recibimos de alguien el intento de darle sentido a nuestra tragedia: "Parece que Dios está ocupado cerrando puertas y abriendo ventanas", observa con ironía. "No se cansa de eso".[25] Todavía peores son las afirmaciones teológicas de que de alguna manera el sufrimiento es culpa nuestra.

Sin duda, las respuestas más útiles al sufrimiento son la presencia empática y los esfuerzos por aliviar el dolor y evitar que se repita. Sin embargo, cuando esos esfuerzos fracasan, no nos queda otra opción que encontrar el sentido que podamos a las pruebas que soportamos. En Jesús y en el Siervo Sufriente que lo precedió, tenemos ejemplos de cómo enfrentar el sufrimiento por lo que es y, por gracia, encontrar en él un camino de transformación personal y social. Nunca elegiríamos este camino ni se lo desearíamos a nuestros seres queridos. Pero cuando no hay salida, al menos es reconfortante, y a veces motivador, saber que quienes han recorrido el camino antes que nosotros fueron capaces de hablar de él con humildad y una gratitud que no podemos entender hasta que nos encontramos en el mismo lugar.

Yo tenía ocho años cuando el reverendo Dr. Martin Luther King Jr. fue asesinado, y hasta que entré a la universidad me encontré por primera vez con él a través de sus escritos y discursos grabados. Me pasaba horas en la biblioteca leyendo y escuchando sus palabras, hipnotizada. Fue durante las guerras centroamericanas, y me asombraba ver a líderes religiosos muriendo junto a campesinos indígenas y estudiantes universitarios en las luchas por la justicia. Sin embargo, ahí estaba un líder cristiano que inspiró el cambio social a través de medios no violentos en mi propio país y que dio expresión a nuestra fe compartida con una brillantez como nadie que yo hubiera conocido. King encarnó el sufrimiento redentor —la aceptación de lo que uno nunca elegiría en aras del amor y de un bien mayor— hasta su prematura y trágica muerte a los treinta y nueve años.

King no apareció en el panorama religioso y político de Estados Unidos en el vacío, ni fue el único responsable, como los medios de comunicación lo siguen presentando a menudo, de los logros del movimiento por los derechos civiles. Sin embargo, a diferencia de cualquiera de sus contemporáneos, King cautivó la imaginación de quienes se atrevieron a creer que por fin había llegado el momento de que nuestra nación se enfrentara al legado de la esclavitud y a los males del racismo. Como escribe el historiador del trabajo Michael K. Honey en *Going Down Jericho Road: The Memphis Strike, Martin Luther King's Last Campaign* (El camino de Jericó: La huelga de Memphis, la última campaña de Martin Luther King): "El marco religioso de King, su asombrosa elocuencia, su erudición, su capacidad para situar sus demandas en el marco de la Constitución y el credo estadounidense de la libertad, todo eso lo convirtió en un poderoso portavoz, y los medios masivos de comunicación le pusieron a King una atención fenomenal".[26] Sus escritos y discursos grabados siguen siendo una fuente inagotable de análisis político y perspicacia espiritual.

El pozo de las convicciones de King era profundo. En *The Power of Unearned Suffering: The Roots and Implications of Martin Luther King, Jr.'s Theodicy*, Mika Edmondson rastrea su linaje como hijo y nieto de predicadores bautistas, formado por el largo legado de sus antepasados esclavizados y oprimidos que se esforzaban por darle sentido a su sufrimiento:

> Bajo el sol sofocante de los campos de algodón del sur, siguieron adelante con la esperanza de que el Dios omnipotente podía "hacer un camino de la nada": que, gracias a Cristo, Dios sacaría algo bueno de los males que se les infligían. Esta esperanza en los propósitos redentores de Dios en el sufrimiento ha sostenido a los cristianos negros a través de brutalidades históricas como la esclavitud, Jim Crow, el linchamiento y la segregación.[27]

Cuando King era niño, sus padres le inculcaron una fuerte aversión a la segregación y también la creencia de que había propósitos divinos en la lucha por la libertad. Estudió sociología en el Morehouse College y luego Teología en el Seminario Teológico de Crozer y en la Universidad de Boston, donde se doctoró a los veinticinco años. Al igual que sus profesores y mentores, entre ellos Howard Thurman, se sintió inspirado por el ejemplo convincente de no violencia de Mahatma Gandhi. Llegó a creer, como escribió en 1957, que "el negro puede ser el llamado de Dios a esta época".[28]

En sus primeros escritos el tono es conmovedoramente esperanzador. Recién salido del triunfo de los boicots a los autobuses de Montgomery en 1956, King escribió: "Los negros de Montgomery, agotados por las humillantes experiencias a las que se habían enfrentado sin cesar en los autobuses, expresaron su determinación de ser libres en un acto masivo de no cooperación. Llegaron a la conclusión de que, en última instancia, era más honorable caminar por las calles con dignidad que viajar en los autobuses con humillación".[29] King estableció una clara distinción entre el sufrimiento pasivo, que solo perpetuaba la injusticia, y el sufrimiento elegido con libertad como destino, rico en posibilidades redentoras. Al igual que Gandhi, King llamó a su pueblo a asimilar los golpes de la reacción violenta a sus demandas pacíficas de igualdad de trato ante la ley como un medio de transformación social que, por un tiempo, parecía cercano.

El temprano optimismo de King iba acompañado de su propia capacidad y voluntad para soportar las dificultades, algo sobre lo que rara vez escribió o habló públicamente. Una excepción se produjo a petición expresa de los editores de *The Christian Century* (El siglo cristiano), cuando en un breve apéndice a un artículo publicado en 1960, reconoció el costo personal para él y su familia: "Debido a mi implicación en la lucha por la libertad de mi pueblo, he conocido muy pocos días tranquilos", escribió con sorprendente eufemismo, y después enumeró con naturalidad algunas de las cosas que había tenido que soportar: cinco detenciones y tiempo en cárceles de Alabama, dos atentados con bomba en su casa, múltiples amenazas de muerte y un apuñalamiento que casi le cuesta la vida. Admitió que más de una vez sintió que las cargas eran demasiado pesadas y pensó en retirarse a una vida más tranquila. "Pero cada vez que aparecía una tentación así", escribía, "algo venía a fortalecer y sostener mi determinación. Ahora he aprendido que la carga del Maestro es ligera precisamente cuando nosotros llevamos su yugo".[30]

King también compartió cómo había sido para él este viaje de transformación interior: "Conforme aumentaban mis sufrimientos, pronto me di cuenta de que había dos formas de responder a mi situación: reaccionar con amargura o intentar transformar el sufrimiento en una fuerza creativa. Decidí seguir este último camino. Al reconocer la necesidad del sufrimiento, he intentado convertirlo en una virtud".[31] El sufrimiento redentor no era una simple estrategia política para King; era una forma de vida.

Los logros iniciales del movimiento por los derechos civiles siempre habían sido para King el primer paso para abordar la mayor de las desigualdades sociales: la pobreza y la falta de acceso a la educación, el empleo y condiciones de vida seguras. Pero cuando dirigió su atención a las cuestiones económicas, muchos de sus admiradores parecieron realmente sorprendidos, y estos escritos posteriores siguen recibiendo menos atención y aclamación que sus súplicas en favor de la equidad racial. De hecho, todas las decisiones que King tomó en los últimos años de su vida generaron controversia: la decisión de trasladarse a Chicago para subrayar lo pernicioso del racismo en el Norte; su creciente atención hacia los problemas de la pobreza y la discriminación económica; y lo más dramático, su oposición pública a la guerra de Vietnam.

Aunque por mucho tiempo fue vilipendiado por los supremacistas blancos y los anticomunistas, King cayó en desgracia entre muchos liberales blancos y la prensa que antes lo adoraba. Después de sus declaraciones contra la guerra, muchos antiguos aliados, sobre todo el presidente Lyndon Johnson, rompieron todos sus lazos con él. Las multitudes seguían acudiendo a escucharlo cada vez que hablaba, lo que le dio una plataforma nacional. Pero su prominencia continua provocó la movilización de sus detractores, entre ellos J. Edgar Hoover, director de la Oficina Federal de Investigación, que pretendía destruir a King. También aumentaron los conflictos dentro de su círculo de asesores, que luchaban por hacer realidad su visión de un movimiento multirracial de pobres que invadiera Washington D. C.

Si King había conocido pocos días tranquilos en 1960, en 1967 su vida era un frenesí. La Campaña de los Pobres fue su último alegato en favor de la no violencia en un país que parecía estarse saliendo de control. Lo consumía la idea de unir a los trabajadores pobres de todas las razas en una demanda común de reestructuración de la economía estadounidense. Creía que la pobreza destruía vidas y alimentaba el racismo, la desesperación y la violencia que asolaban nuestro país. En 1967 le dijo a un periodista con sobriedad que si la estrategia fracasaba, lo único que podía hacer era "decirle a la nación: 'He hecho todo lo que he podido'".[32] Aunque en público se mostraba decidido, en privado luchaba contra la depresión, el cansancio y la duda. Empezó a hacer planes para su sucesión, mientras volcaba todo lo que tenía en lo que sus aliados más cercanos temían que fuera un esfuerzo condenado al fracaso.

Cuando asistió a una conferencia de ministros en febrero de 1968, King se enteró de la huelga de los trabajadores de salud de Memphis.

Otro de los asistentes, el pastor Billy Kyles, describió cómo, en un acto espontáneo de desafío colectivo, los trabajadores negros se levantaron para protestar por las condiciones que ponían en peligro su vida y los salarios miserables. El gobierno de la ciudad se negó a negociar y, mientras la basura se acumulaba en las calles, la población se dividía por razas. Kyles fue el primero en sugerir que King viajara a Memphis, pero sus colaboradores no tardaron en responderle que estaba demasiado ocupado organizando la Campaña de los Pobres como para hacer el viaje.[33]

Conforme la huelga de Memphis se prolongaba, empezó a disminuir el apoyo en la comunidad negra. Los funcionarios de la ciudad se mantuvieron intransigentes y la violencia de la policía se volvió más descarada. Los trabajadores seguían comprometidos con la protesta no violenta, pero otros defendían un enfoque más confrontativo. Con más urgencia, varios ministros locales instaron a King a viajar allá, convencidos de que solo él podría unificar un movimiento que se fragmentaba con rapidez. Esta vez no dudó en decir que sí, en contra del consejo unánime de su personal. Sería una carga más en su agenda apretada, pero a estas alturas, la aceptación del sufrimiento personal por parte de King se había convertido en memoria muscular.

Miles de personas acudieron a escuchar a King en la que sería la primera de sus tres visitas a Memphis en los últimos días de su vida. La energía y el sentimiento de unidad de la multitud le levantaron el ánimo. En el coraje y la solidaridad de los trabajadores de salud vio lo que quería invocar en todo el país: un movimiento de trabajadores que se levantan con dignidad para exigir condiciones seguras y un salario digno. Animó a los huelguistas a perseverar e instó a la comunidad negra a no asistir al trabajo ni a la escuela para presionar al alcalde a que se sentara a la mesa de negociación. Era la primera vez que King proponía una huelga general, pero estaba en línea con lo que cada vez estaba más convencido de que sería necesario en todo el país.

Cuando King terminó de hablar ese día, Joseph Rosenbloom escribe: "Como arrebatado por una fuerza repentina, volvió a la tribuna. Con voz fuerte y vibrante proclamó que Memphis podía marcar 'el comienzo del movimiento de Washington' y anunció que pronto volvería para marchar con los huelguistas y sus partidarios".[34] El destino de King y de la Campaña de los Pobres estaba ahora ligado al conflicto de Memphis.

El paro laboral de un día del 28 de marzo fue un completo desastre. Los huelguistas y simpatizantes se reunieron temprano esperando que King los encabezara, pero su avión llegó tarde y la marcha tuvo que empezar sin él. Cuando por fin llegó, se desató el caos y cientos de personas se arremolinaron a su alrededor. Agotado después de días de viaje sin descanso, King se sentía desorientado y no estaba preparado para la respuesta de la multitud a su presencia. Temiendo que lo pisotearan, su equipo de seguridad se apresuró para ponerlo a salvo.[35] Los manifestantes lanzaron botellas y piedras, saquearon tiendas e incendiaron coches. La policía respondió con violencia indiscriminada, con lo que sembró el pánico entre la multitud de manifestantes pacíficos, hirió a decenas de personas, detuvo a cientos y mató a un joven de dieciséis años. La violencia duró toda la noche. Aislado en una habitación de hotel, King vio con desesperación la cobertura televisiva de su peor pesadilla.

King abandonó Memphis a la mañana siguiente, visiblemente conmocionado, y pasó varios días reflexionando sobre qué hacer a continuación. Sus más cercanos estaban preocupados por su depresión y su fatiga. Pero salió de su aislamiento con una nueva determinación y le anunció a su equipo que todos debían regresar a

Memphis.[36] Les dijo que los disturbios habían sido un duro golpe a la credibilidad de su movimiento y que, si no se reparaba, mancharía todos sus esfuerzos en el futuro. Esta vez se quedarían cinco días, trabajarían para atraer al grupo a líderes negros más jóvenes, reunirían al clero y a los sindicatos y transformarían los fracasos del 28 de marzo con una concentración pacífica y un paro laboral el 8 de abril. Al principio, los demás se opusieron con firmeza a la propuesta de King, pero él insistió y les habló con una contundencia y un enojo inusuales ante sus dudas, que captó su atención. Andrew Young, confidente íntimo de King, escribió más tarde sobre ese momento: "Tan seria y sombríamente como nunca antes, decidimos apoyar a Martin de cualquier forma en que nos necesitara".[37] Claramente las probabilidades estaban en su contra. Pero como dijo King el 3 de abril: "El movimiento vivirá o morirá en Memphis".[38]

Al día siguiente, fue King quien murió.

King estuvo a punto de no pronunciar el último discurso de su vida. Después de un día de viaje que comenzó con una amenaza de bomba en su avión y reuniones ininterrumpidas en Memphis, estaba agotado y enfermo. Pensó que una tormenta que se avecinaba seguramente impediría que la gente asistiera al servicio de oración y al mitin de esa tarde. En el último momento, le pidió a su íntimo amigo y colega Ralph Abernathy que se dirigiera a los asistentes en su lugar, mientras él se quedaba en el hotel para descansar. Sin embargo, cuando Abernathy llegó solo, la consternación de la multitud lo convenció para llamar a King. A regañadientes, King salió hacia allá en medio de una lluvia torrencial y, cuando llegó, subió al estrado y habló durante casi una hora. Como señala el historiador Taylor Branch, fue una elegante combinación de varios de los temas de sus discursos frecuentes al servicio de la urgencia de ese momento.[39] La multitud estaba pendiente de cada palabra que decía.

King les dijo a quienes tenían oídos para escuchar que sabía que su muerte era inminente. Empezó imaginando en voz alta lo que diría si Dios le diera la oportunidad de elegir otro siglo en el que vivir. Su respuesta a Dios fue que, de hecho, elegiría el momento presente. Era algo extraño de considerar en un momento de tanto sufrimiento, dijo, "pero de alguna manera, sé que solo cuando está lo bastante oscuro puedes ver las estrellas".[40] Reconoció las amenazas que recibía cada día y la incertidumbre de lo que le esperaba. "Como a cualquiera, me gustaría vivir una larga vida", añadió. "La longevidad tiene su lugar. Pero ahora no me preocupa eso. Solo quiero hacer la voluntad de Dios". Como Moisés antes que él, Dios llevó a King a la cima de la montaña para ver la Tierra Prometida. "Tal vez no llegue allí contigo", dijo. "¡Pero quiero que sepan esta noche que nosotros, como pueblo, llegaremos a la tierra prometida! ¡Y esta noche estoy feliz! ¡No le temo a *ningún* hombre! ¡Mis ojos han visto la *gloria* de la venida del Señor!".[41] Su predicción final fue de aceptación, incluso de trascendencia, de la muerte.

El sentido del destino que los padres de King le inculcaron y la convicción de que vivía en un momento que era un umbral de transformación social lo sostuvieron hasta el final, incluso cuando fue evidente que no viviría para ver cumplido el sueño que Dios había puesto en su corazón. Aunque con frecuencia se sentía desanimado, King se negó a sucumbir a la violencia o a perder la esperanza. Aceptó lo que no podía cambiar y puso todo su empeño en cambiar lo que sí podía.

Lo que nunca deja de conmoverme es la compasión de King. El último domingo de su vida predicó en la Catedral Nacional de Washington y habló de la desgarradora pobreza en toda nuestra nación, desde los guetos del Norte hasta el Sur rural. Describió cómo cientos de niños negros de Marks, Misisipi, caminaban descalzos por las calles, y cómo familias vivían con ratas y cucarachas en sus departamentos deteriorados. Confesó que con frecuencia se descubría a sí mismo llorando.[42] Y en la tormentosa noche anterior a su asesinato, como una forma de explicar por qué había vuelto a Memphis, King reflexionó sobre la parábola de Jesús del buen samaritano. Les recordó a sus oyentes que en esa historia eterna dos líderes religiosos vieron a un hombre herido de muerte y decidieron pasar de largo. Solo un hombre de raza despreciada, el samaritano, se detuvo a ayudarlo. Ese hombre ilustró lo que King llamó una "generosidad peligrosa", que es la esencia del amor.

> La primera pregunta que se hicieron el levita y el sacerdote al ver al herido fue: "Si me detengo a ayudar a este hombre, ¿qué me pasará?". El buen samaritano invirtió la pregunta. Si no me detengo a ayudar a este hombre, ¿qué le sucederá? Esa es la pregunta que tienes ante ti esta noche. No: "Si me detengo a ayudar a los trabajadores de salud, ¿qué me pasará?", sino: "Si no me detengo a ayudar a los trabajadores sanitarios, ¿qué les sucederá?". Esa es la pregunta.[43]

La pregunta de King está en el corazón del amor sacrificial y la aceptación. La compasión por el otro nos pone al servicio de algo más allá de nosotros mismos y nos ayuda a ser más grandes por dentro que el sufrimiento que debemos o que elegimos soportar. King creía que solo el amor tenía el poder de romper los ciclos de violencia y odio, como lo reveló Jesús en la cruz. "King veía la cruz", escribe James Cone en *The Cross and the Lynching Tree* (La cruz y el árbol de los linchamientos), "como una fuente de fuerza y valor, la máxima expresión del amor de Dios por la humanidad. A diferencia de otros, él nunca vaciló en su compromiso con el camino del amor".[44] Los escasos ejemplos brillantes de personas como Martin Luther King Jr., que eligen la aceptación y el sufrimiento redentor, nos ayudan a creer que ese amor es posible y digno de nuestros mejores esfuerzos.

Entre las muchas personas inspiradas por King, cuyo testimonio vemos en nuestra vida, está el reverendísimo Michael Curry, obispo presidente de la Iglesia episcopal. El obispo Curry ha dedicado su vida a servir a Jesús y su camino de amor. Gracias a la plataforma global para trasmitir su mensaje en la boda real británica del príncipe Harry y Meghan Markle en 2018, lanzó una conversación internacional sobre el poder del amor redentor.

En su libro más reciente, *Love Is the Way* (El amor es el camino), reafirma la convicción central de King como propia: que solo el amor desinteresado y sacrificial tiene el poder de sanarnos y cambiar nuestro mundo para mejor. Insiste en que solo el amor es capaz de transformarnos de las personas que somos en las personas que Dios nos creó para ser y transformar este mundo de la pesadilla que con frecuencia es en el sueño que Dios tiene para todos sus hijos. El gran atractivo del mensaje del obispo Curry sugiere que en el fondo todos conocemos esta verdad. Aceptar el sufrimiento del mundo como nuestra responsabilidad colectiva y responder con amor sacrificial es nuestra tarea más auténtica. Como individuos y como especie, debemos estar a la altura.

En su libro, Curry cita múltiples ejemplos de personas que eligieron el amor como respuesta a situaciones al parecer desesperadas: desde los ancianos de la iglesia que cuidaron de él tras la muerte de su madre cuando tenía doce años, hasta figuras públicas como la activista por los derechos civiles Fannie Lou Hamer y el secretario de Trabajo de Franklin Roosevelt, Francis Perkins, quienes lucharon por la justicia toda su vida. Pero antes de poder responder con amor, cada uno de ellos tuvo que enfrentar y aceptar su dolor, no como una expresión de la voluntad de Dios, sino como el escenario en el que estaban llamados a encarnar el amor de Dios por otra persona. "El amor no siempre es fácil", escribe Curry, "pero, como pasa con los músculos, nos fortalecemos con la repetición y aumentando el peso de la carga. Y funciona".[45]

Lo que Curry quiere decir con "y funciona" no es que siempre obtenemos lo que deseamos o esperamos, sino que el amor es el camino de Dios. Cuando elegimos el amor como respuesta a lo que desearíamos poder cambiar, pero no podemos; cuando elegimos el amor como nuestra respuesta al mundo tal como es, no como lo que desearíamos que fuera; cuando elegimos el amor en lugar de la negación, la ira o el cinismo y el aislamiento, participamos en la redención divina de nuestro mundo. Esto no facilita el trabajo, pero les da a nuestros esfuerzos un sentido de propósito que nos puede llevar hasta el final. A través de nuestros esfuerzos imperfectos, la gracia de Dios brilla a través de nosotros de una forma que tal vez nunca conozcamos o comprendamos con plenitud.

La aceptación sigue siendo una de las cosas más difíciles que se nos piden. El precio siempre es alto, pero ante lo que nunca elegiríamos y no podemos cambiar, nos da un camino a seguir. No debemos preocuparnos si no siempre acertamos. En nuestra voluntad de seguir comprometidos, Dios sabe que lo estamos por completo. Nuestra capacidad de amar crecerá y, a través de nosotros, Dios obrará milagros silenciosos que mantendrán viva la esperanza, incluso en tiempos difíciles.

Nuestra vida está llena de elecciones imprevistas, luchas y llamados. A veces podemos superar estos obstáculos, y a veces debemos hacer las paces con ellos. A veces, como Jesús, somos llamados al desierto o a la cruz, para ir física y espiritualmente a esos lugares que nos desafían, nos ponen a prueba, nos quiebran y hacen que algo muera en nuestro interior. Aceptar lo que no hemos elegido implica un acto de fe en que Dios está presente y actúa de una forma que no podemos comprender. A veces sentimos esa presencia; muchas otras veces, no. Este tipo de aceptación no es pasiva o fatalista, sino más bien una elección valiente en un momento decisivo para abrazar los lugares en los que estamos rotos como una parte integral de una vida valiente.

CAPÍTULO 5

Asumir el reto

¿Quién sabe? Quizá hayas llegado
a la dignidad real precisamente
para un momento como este.
ESTHER 4:14

Gregory Boyle es sacerdote jesuita y fundador de Homeboy Industries, el mayor programa del mundo para la intervención, rehabilitación y reinserción de pandillas. Este ministerio que cambia vidas tuvo sus comienzos en la iglesia Dolores Mission, situada en el barrio con mayor concentración de actividad pandillera de Los Ángeles. Boyle fue párroco de 1986 a 1992, cuando los jóvenes mataban y morían a un ritmo alarmante. La primera idea de Boyle fue crear una escuela alternativa para jóvenes pandilleros, y el convento de la parroquia, donde vivían seis monjas belgas, era el único sitio viable. En *Barking to the Choir: The Power of Radical Kinship* (Ladrando al coro: El poder del parentesco radical), Boyle relata cómo se dirigió a ellas: "'Hola', les dije, '¿les importaría... ya saben... mudarse... y podríamos convertir el convento en una escuela para pandilleros?'. Me miraron, luego se miraron entre ellas, y simplemente dijeron: 'Claro'".[1] Las monjas no dudaron. Con esa sola palabra, cumplieron su parte.

Al igual que las monjas que dijeron que sí, tomamos algunas de nuestras decisiones más importantes al parecer en el acto, sin tomar en cuenta el pensamiento consciente o la lógica. Se nos presenta una situación y respondemos con algo parecido al instinto o la intuición. La inmediatez es la característica que define estos momentos, aunque en retrospectiva, a veces podemos ver cuánto tiempo llevábamos preparándonos para ellos. Como un jugador de béisbol que lleva meses entrenándose, no le queda otra opción que acercarse al plato y batear. Aunque el béisbol es un deporte de equipo, el paso al plato es la acción de una sola persona. Por eso es fácil entender cómo la frase se convirtió en una metáfora para describir esos momentos en los que un individuo toma la iniciativa de hacer lo que hay que hacer.

Una imagen que me vino a la mente durante los intensos meses de pandemia de finales de 2020 fue la imagen de dar un paso al frente. Las infecciones y muertes por covid-19 aumentaban a un ritmo alarmante, las escuelas y las empresas estaban cerradas y, en vísperas de las elecciones presidenciales, el ambiente en el país —y desde luego en Washington D. C.— era tenso. Durante ese tiempo, recibí un número enorme de peticiones de ayuda. Las peticiones provenían de particulares y también de organizaciones. Algunas de las tareas eran relativamente pequeñas y manejables, mientras que otras requerían una considerable dedicación de tiempo y energía.

No era nuevo que la gente pidiera ayuda. Como ministra, mi trabajo es ayudar. Lo diferente era la cantidad de solicitudes y su nivel de intensidad; había urgencia e incluso desesperación en las peticiones. Mientras reflexionaba en cómo responder, pensé que mi cansancio personal no era el dato más importante. Todos estábamos cansados. Como fuera que me sintiera, había llegado el momento de servir donde y cuando pudiera.[2] Todos mis esfuerzos en esa temporada estuvieron lejos de la vista del público, como lo están en la mayoría de los momentos de "dar un paso al frente".

Sin embargo, a principios de ese año, cuando el entonces presidente Trump se plantó frente a la histórica iglesia de St. John sosteniendo una Biblia, me enfrenté a un momento de mayor notoriedad de lo que jamás podría haber previsto. Ya me había pronunciado antes sobre asuntos de igual importancia, como la violencia armada, los derechos de los inmigrantes y en protesta por los insultos racistas del presidente contra la ciudad de Baltimore, todo con una reacción pública mínima, aparte de las iglesias a las cuales servía. Esta vez fue diferente, como si una corriente eléctrica recorriera el país, conectándonos a todos.

Cuando damos un paso al frente en la arena pública, es imposible saber de antemano cómo serán recibidas nuestras acciones. Siempre existe el riesgo de que se centren en la respuesta, como si la atención mediática determinara el mérito o el impacto de nuestras acciones. Sin embargo, sabemos que los movimientos sociales más transformadores requieren décadas de esfuerzo sostenido antes de que se produzca un cambio real, con muchas personas solitarias que dan un paso al frente mucho antes de que nadie se dé cuenta. Además, cuando llega la atención pública, esta es efímera y seductora, y nos tienta a permanecer en el foco de atención o a buscar el siguiente, cuando al final lo que más importa es lo que hacemos y cómo vivimos cuando nadie nos observa. Sin duda, ese fue el caso en el verano de 2020.

Inmediatamente después de que se conociera la noticia de la sesión fotográfica del presidente, decenas de líderes religiosos de toda la región quisieron reunirse para denunciar a nivel colectivo las acciones del presidente Trump y reclamar el espacio sagrado. La energía que llegaba a nuestro pequeño grupo diocesano era frenética, pero entendí su deseo: ellos también querían dar un paso al frente. Acordamos organizar una rueda de prensa al día siguiente en St. John's durante la cual emitiríamos una condena común. Pero el martes por la mañana la policía ya había bloqueado el acceso a la iglesia y los manifestantes se habían extendido a las calles cercanas, cerrando prácticamente esa parte de la ciudad. El miércoles, cuando intentamos llegar al podio que mi equipo instaló rápidamente lo más cerca posible de St. John's, nos vimos abrumados por los manifestantes y decenas de periodistas que se habían acomodado junto a la fachada.

Los líderes religiosos intentaron hablar, uno por uno. Nuestro sistema de sonido era pésimo, e incluso de pie junto al podio yo apenas podía escuchar lo que decían. Además de los periodistas, nadie ponía atención. Cuando llegó mi turno, me cegaron las luces en la cara y no se me ocurrió qué decir. Obviamente el espectáculo era intrascendente para los manifestantes, muchos de los cuales habían sido desplazados físicamente por los medios de comunicación. A un lado, escuché a un joven decir: "Siéntate y cállate".

Me alejé del podio y me senté en la calle a su lado. "Llevamos todo el día bajo el sol ardiente y nadie nos ha hecho caso", dijo molesto. "Entonces apareces tú y todas las cámaras te enfocan. Cuando tú te vayas, ellos también se irán. Pero nosotros seguiremos aquí". Por supuesto, él tenía razón. Le pedí disculpas. Sacudió la cabeza y desvió la mirada. Un ministro negro que formaba parte de la reunión de líderes religiosos se acercó y se paró a mi lado. Con una voz fuerte que transmitía compasión y autoridad, se dirigió a los manifestantes sentados en la calle. Les agradeció su testimonio, los animó a perseverar y rezó espontáneamente en su nombre. Luego me tomó de la mano y me puso de pie. "Nuestra hermana intenta hacer lo correcto", dijo. "Por favor, trátenla con respeto". La mayoría parecía poco persuadida, pero un joven volteó hacia mí y me dijo: "No lo tomes personal. Ha sido un día largo y caluroso". "Más de un día, me imagino", respondí. Asintió con la cabeza. En el ámbito de la justicia, y de hecho en toda la vida, dar un paso al frente no es algo que hagamos una sola vez, sino una y otra vez, cuando parece que el mundo nos está mirando y, lo que es más importante, cuando no nos observan.

Tomar la iniciativa es una elección, pero tiene una dimensión que se parece más a la intuición o al instinto: actuamos sin basarnos en el pensamiento consciente o incluso en la emoción. A veces, cuando llega el momento, al instante sabemos que tenemos las habilidades y los recursos necesarios para una tarea determinada y la enfrentamos con confianza. Otras veces, nos sentimos tristemente inadecuados y poco preparados, pero no consideramos que decir que no sea una opción. En esas situaciones, aprendemos a confiar en un poder superior al nuestro que actúa a través de nuestros ofrecimientos, o aprendemos la dura, pero necesaria lección del fracaso. En otros momentos, escuchamos un llamado que nos eleva felizmente de nuestras preocupaciones menores para hacer algo valiente o bueno, y parece que nuestros errores del pasado y debilidades del presente no importan.

Está claro que la versión de dar un paso al frente que más reafirma el ego es cuando nos sentimos bien equipados para hacerlo. La tarea puede ser grande o pequeña. Puede ser algo que nos entusiasme o que nos aterre, pero podemos realizar con relativa facilidad lo que para otros sería más difícil, si no es que imposible. Dar un paso al frente tiene un valor desproporcionado para quienes se benefician de que nosotros digamos que sí. Puede ser costoso en términos de tiempo y energía, pero el esfuerzo rara vez conduce al agotamiento. Funcionamos desde un punto fuerte.

Hace años leí sobre un pequeño grupo de científicos de los institutos nacionales de salud que se dieron cuenta de que estaban a punto de lograr un gran avance en el tratamiento de una forma rara de leucemia. Impulsados por esa perspectiva, trabajaron sin descanso durante semanas, perdiéndose los partidos de futbol y los recitales de piano de sus hijos para que otra persona pudiera vivir para ver jugar a sus propios hijos. Así es la confianza en uno mismo. Con seguridad, esa misma tenacidad ayudó a epidemiólogos de todo el mundo a desarrollar múltiples vacunas contra el covid-19 en un periodo de tiempo extremadamente corto, sin duda con un enorme sacrificio personal. La mayoría no podríamos dar ese paso, pero ellos sí pudieron y lo hicieron, para que otros pudieran vivir.

En su expresión más dramática, no solo confiamos en que *podemos* hacer lo que se nos pide, sino que *debemos* hacerlo. Vuelvo a pensar en la decisión de Martin Luther King Jr. de ir a Memphis. Lo mismo sucede con cualquiera de nosotros cuando sentimos el impulso de presentarnos u ofrecer lo que tenemos, no necesariamente porque queramos, sino porque nos corresponde hacerlo.

También recuerdo dos ocasiones en la vida de Jesús. La primera es del comienzo de su ministerio público, tal como se relata en el Evangelio de Lucas. Jesús había regresado a Nazaret, su ciudad natal, después de un tiempo considerable de estar lejos. Durante ese tiempo, se unió al movimiento de un hombre conocido como Juan el Bautista, y en su propio bautismo, Jesús experimentó un profundo sentido de llamado. Ahora estaba de vuelta en casa. Como era su costumbre, Jesús fue a la sinagoga el sábado. Cuando fue su turno de leer en voz alta las Escrituras, abrió el rollo del profeta Isaías:

> El Espíritu del Señor está sobre mí, porque me ha ungido para anunciar la Buena Nueva a los pobres. Me ha enviado a proclamar la liberación a los cautivos y la vista a los ciegos, a dar la libertad a los oprimidos, a proclamar el año de gracia del Señor.[3]

Jesús enrolló el pergamino, se sentó y dijo en voz baja: "Hoy se ha cumplido esta Escritura que han escuchado".[4] Con serena confianza, se identificó a sí mismo como el ungido por Dios. Había oído su propia vocación afirmada en las palabras de Isaías. Jesús lo tenía claro y estaba preparado. No le importó cuando su propia comunidad, después de haber hablado bien de él al principio, se ofendió por sus palabras y se volvió en su contra. Simplemente siguió su camino, hacia el trabajo que le correspondía hacer.

Casi al final de su vida, Jesús volvió a enfrentarse a su destino, aunque con un tono y un desenlace decididamente diferentes. Como se relata en el Evangelio de Juan, los líderes religiosos de Jerusalén habían arrestado a Jesús, al parecer por curar a alguien en sábado. Querían silenciarlo para siempre porque su mensaje amenazaba su control sobre la población y su precaria relación con las fuerzas de ocupación del gobierno romano. Al carecer de autoridad política para las ejecuciones, apelaron al funcionario romano Poncio Pilato, y le sugirieron que Jesús era un riesgo político para el emperador. Pilato, que dudaba de sus afirmaciones, pidió que le llevaran a Jesús. "¿Eres tú el rey de los judíos?", le preguntó. Jesús respondió: "Mi reino no es de este mundo. Para esto he nacido y para esto he venido al mundo: para dar testimonio de la verdad. Todo el que pertenece a la verdad escucha mi voz". En una pregunta que persigue a todos quienes la leen, Pilato interrogó a Jesús: "¿Qué es la verdad?". Jesús se negó a decir nada más, eligió no suplicar por su vida ante el gobernante títere de un imperio despótico.[5] Sabía que había llegado su hora de morir y estaba preparado.

Una vez conocí a un hombre que se enfrentó a su propia muerte con un grado de aceptación semejante al de Cristo, y rezo por tener la gracia de emularlo cuando llegue mi hora. Se llamaba Rod Hardy, y su mujer, Katie, fue la primera administradora de oficina con quien trabajé en St. John's, en Mineápolis. Cuando Paul y yo nos mudamos con nuestra joven familia a Minesota, Rod y Katie nos abrieron su casa durante un mes, mientras buscábamos un lugar donde vivir. Rod era cariñoso y sociable, un fiel feligrés y un padre y abuelo devoto. Lo tenía todo para vivir.

El año en que fui elegida obispa, a Rod le diagnosticaron cáncer. Al poco tiempo, sus médicos le dijeron que no había un tratamiento eficaz; en el mejor de los casos, le quedaban unos meses. Cuando Paul y yo nos disponíamos a mudarnos a Washington D. C., pasamos a despedirnos de Katie y Rod, sabiendo que no volveríamos a verlo con vida. Nos saludó con calidez desde la cama del hospital instalada en la sala de su casa. Antes de que pudiéramos preguntarle cómo se sentía, nos lanzó muchas preguntas porque quería saber todo sobre la nueva vida que nos esperaba. "No puedo esperar para conocer sus aventuras", nos dijo.

Hablamos durante unos veinte minutos. Cuando Rod se empezó a cansar, Paul se aclaró la garganta y le dijo lo mucho que apreciaba su amistad y su apoyo a lo largo de los años. Todos guardamos silencio un momento. Entonces Rod tomó la palabra: "Quiero que la gente me mire ahora, porque voy a morir como si todo lo que decimos los domingos en la iglesia fuera verdad". Sonrió. "Adelante. Te va a encantar tu nueva vida". Cuando volví unos meses después para el funeral de Rod, Katie me dijo que había vivido sus últimos días como dijo que lo haría, con gracia y gratitud.

Incluso cuando dar un paso al frente no es una cuestión de vida o muerte, puede darnos la valentía para dar un salto de fe, entrando así en un ámbito de influencia, ofreciéndonos al servicio de los demás. Una vez más, pienso en el obispo Michael Curry. Desde su elección como obispo presidente de la Iglesia episcopal en 2015, se ha ganado el amor y el respeto de todo el mundo. Su sermón para la boda real del príncipe Harry y Meghan Markle en 2018 inspiró a los *dos mil millones* de personas que escucharon su mensaje sobre el poder del amor. "Fuimos hechos por un poder de amor, y nuestras vidas estaban destinadas —y están destinadas— a ser vividas en ese amor. Por eso estamos aquí", dijo.[6] Al dirigirse a la joven pareja, a la familia reunida para celebrar ese amor y a todos los que observaban desde distintas partes del mundo, Curry nos invitó a imaginar un mundo guiado por el amor desinteresado y sacrificial, "en el que ningún niño vuelva a pasar hambre, la pobreza pase a la historia y soltemos nuestras espadas y escudos y dejemos de estudiar la guerra".[7] Mientras hablaba, todos deseábamos ese mundo y ser el tipo de personas que lo volvieran realidad. Ese es el don del obispo Curry.

Otro ejemplo de dar un paso al frente es cómo llegó a ser nuestro obispo presidente, con una plataforma mundial para su mensaje de amor. Durante muchos años, Curry fue un líder muy querido de la Iglesia episcopal, primero como párroco y luego como obispo de la diócesis de Carolina del Norte. Lo conocí como colega y mentor y, como muchos, admiré su predicación dinámica, su calidez personal y su compromiso inquebrantable con la justicia social. A lo largo de su ministerio, fue capaz de adoptar posturas públicas firmes sobre temas controvertidos y, sin embargo, mantener relaciones genuinamente afectuosas con quienes no estaban de acuerdo con él.

Al principio de mis años como obispa, al obispo Curry y a mí nos invitó un amigo en común, el obispo Marc Andrus de California, a dirigir un retiro de predicación para el clero. Pasamos cuatro días juntos en un precioso centro de conferencias en el corazón de la región vinícola de Sonoma, hablando sobre un aspecto del ministerio ordenado que a los tres nos preocupa profundamente. También tuve oportunidad de aprender todo lo que pude de mis colegas más experimentados. Una noche le pregunté al obispo Curry cómo lograba hacer su trabajo con tanta alegría. Me dijo que intentaba concentrar sus energías en las cosas que hacía bien, que eran predicar, enseñar y pasar tiempo con el clero. "No me gustan las reuniones", me dijo. "Así que intento no aceptar invitaciones que impliquen estar mucho tiempo sentado". Parecía realmente contento.

Unos años más tarde, vi al obispo Curry entrar con confianza en el proceso de elección del obispo presidente. Habló con gracia, buen humor y autoridad. Fue generoso y amable con los demás candidatos. No había ni rastro de arrogancia en él, solo fuerza y una alegría contagiosa. Era como si supiera que sería elegido, el primer hombre negro en dirigir una iglesia predominantemente blanca con vínculos históricos con la esclavitud y Jim Crow.

Yo no dejaba de pensar en nuestra conversación en California, porque si había algo que yo sabía sobre la función de obispo presidente era que implicaba asistir a muchas reuniones y asumir innumerables cargas administrativas, lo cual no era el trabajo que él me había dicho que más le gustaba. Estaba claro que la preferencia personal no era lo que motivaba al obispo Curry a buscar la elección como obispo presidente, o la ambición, para el caso. Tan solo escuchó el llamado. Sabía que el trabajo que tenía por delante exigiría sacrificios personales, y aun así dio un paso al frente.

Los obispos con derecho a voto no hablamos mucho entre nosotros sobre cómo votaríamos, y no hubo ninguna campaña explícita entre los cuatro candidatos. Contuvimos la respiración en el camino a la iglesia donde se celebraría la elección. Caminé junto al obispo Curry durante unos instantes y me tomó la mano. "En un momento como este, Michael", le dije en voz baja, recordando a la heroína bíblica Ester en su momento más emblemático. Se detuvo, me miró directo a los ojos y dijo: "Reza por mí, hermana mía. Reza para que nunca pierda de vista a Jesús". Lo sabía. Y estaba preparado.

Sin embargo, una reacción mucho más común al llamado a dar un paso adelante se encuentra en el extremo opuesto del espectro experiencial, cuando nos sentimos cualquier cosa *menos* preparados. Son momentos en los que sabemos que no podemos hacer lo que se necesita, pero se nos pide que lo hagamos de todas formas. En este caso, la lectura de la Biblia es alentadora porque hay innumerables ejemplos, tanto en los textos judíos como en los cristianos, de seres humanos comunes y corrientes llamados por Dios a hacer precisamente lo que nos parece más imposible.

Algunos de mis personajes bíblicos favoritos le señalan cortésmente a Dios por qué son la persona equivocada para el trabajo. Moisés, por ejemplo, insiste en que no puede ser él quien le diga al gobernante de Egipto que libere a los israelitas de la esclavitud porque tartamudea. Jeremías le informa a Dios que nadie lo escuchará porque él es solo un niño.

Cuando Isaías escucha el llamado de Dios, se hunde en la vergüenza. "Ay de mí", se lamenta, "estoy perdido, porque soy hombre de labios impuros".[8] En cada caso, la respuesta de Dios es, en efecto: "Sé quién eres. Conozco tus defectos. Da un paso al frente de todas formas". Hay un refrán similar entre los discípulos de Jesús, sobre todo en Simón Pedro, cuya respuesta al llamado de Jesús es: "Apártate de mí, Señor, porque soy un hombre pecador".[9] Pero Jesús lo sabe todo sobre Simón Pedro, y él es quien Jesús quiere a su lado.

El mensaje a lo largo de todas las Escrituras es que siempre que Dios, o la vida misma, emite el llamado, es normal sentirse indigno y poco preparado, pero no importa. De todos modos, estamos en la brecha entre nuestra capacidad actual y lo que se necesita. Cuando el resultado es bueno, en lo más profundo de nuestros huesos sabemos "que este poder extraordinario le pertenece a Dios y no procede de nosotros".[10]

Otro ejemplo convincente es el conocido como milagro de los panes y los peces. Es uno de los pocos relatos que aparecen en los cuatro Evangelios, y narra un momento en que Jesús y sus discípulos intentan tomarse un tiempo para descansar, pero miles de personas los siguen hasta donde están recluidos. Jesús, en su compasión, deja a un lado su cansancio y los atiende, e instruye a sus discípulos para que hagan lo mismo. Al final de ese largo día, los discípulos le suplican a Jesús que mande a las multitudes a casa. "Este es un lugar desierto y ya es muy tarde", le dicen, "despídelas para que vayan al campo y a las aldeas cercanas y compren algo para comer".[11]

Hay dos versiones de lo que sucede a continuación. En una, Jesús les ordena a los discípulos que den de comer a la gente. Pero solo tienen cinco panes y dos peces. En la segunda versión, un muchacho ofrece su cena: de nuevo, unos pocos panes y algunos peces. En los dos relatos, Jesús toma lo que le ofrecen, pide la bendición de Dios y devuelve la comida a los discípulos para que la distribuyan entre la multitud. Hay suficiente para que miles de personas coman hasta saciarse, con doce cestas llenas de sobras. Jesús les ordena a sus discípulos: "Recojan lo que sobre, para que no se desperdicie nada".[12]

Yo vivo toda mi vida dentro del milagro de los panes y los peces. Casi todos los sermones que predico me parecen incompletos e inadecuados, pero los predico de todas formas, y rezo para que Jesús llene los huecos. Con frecuencia mi liderazgo es imperfecto e insuficiente, pero lo hago lo mejor que puedo y espero a que Jesús intervenga. El dinero que doy, sobre todo en respuesta al sufrimiento humano agudo, nunca es suficiente para cubrir la necesidad, pero lo doy de todos modos, con la esperanza de que, junto con otros, pueda aliviar el dolor de otro. La imagen de unos pocos panes y algunos peces alimentando a una multitud pretende animarnos a todos a dar lo que tenemos cuando sabemos que no es suficiente. Por razones que escapan a nuestra comprensión, Dios siempre elige actuar a través de nuestras ofrendas imperfectas e inadecuadas.

Un verano, cuando nuestros hijos estaban en la primaria, volvimos a casa de unas largas vacaciones justo a tiempo para que yo presidiera el culto un domingo por la mañana. Mi sermón consistió en unos cuantos pensamientos hilvanados de último minuto y una historia sobre una niña huérfana de Rusia a la que habíamos conocido hacía poco durante una estancia con mis abuelos en Suecia. Era el primer verano después de la caída de la Unión Soviética, y ella pasaba el verano con los vecinos de mis abuelos. No podía quitármela de la cabeza porque, mientras estábamos allí, se aferraba a mí como si fuera su madre perdida. Yo odiaba despedirme. No fue un sermón especialmente inspirador, pero era todo lo que yo tenía.

Un matrimonio que se unió a la iglesia unos meses antes estaba sentado en la última fila. Al salir de la iglesia, me dijeron que mis palabras los inspiraron para seguir adelante con un difícil proceso de adopción internacional. "Estábamos a punto de abandonar nuestro intento de adoptar a dos hermanas de la antigua Unión Soviética. Cuando hablaste de la niña que conociste, fue como si Dios nos dijera que perseveráramos", me dijeron.

Lo que es cierto en la predicación también es cierto en otros contextos, porque lo que decimos, incluso en una conversación aparentemente casual, puede tener un impacto mucho mayor de lo que pensamos. Quizá nunca sepamos cuándo nuestras palabras, incluso las que pensábamos que eran torpes o intrascendentes, eran justo lo que otra persona necesitaba escuchar y se habría perdido si no le hubiéramos hablado.

Sin embargo, la experiencia de la insuficiencia tiene otra cara, mucho más dolorosa y humillante. Cuando damos un paso al frente y hacemos nuestra ofrenda insuficiente, por lo regular no se produce ningún milagro, y las consecuencias adversas de nuestra falta de preparación e incompetencia están a la vista de todo el mundo. Cómo respondemos ante el fracaso es una de las decisiones más determinantes que tomamos. Si aprendemos a aceptar el fracaso como parte del crecimiento, confiando en que esas experiencias forman parte de un relato más amplio de valentía y propósito, podremos extraer las lecciones que necesitamos aprender del dolor y seguir adelante. La próxima vez que nos toque dar un paso adelante, estaremos mejor preparados y, en retrospectiva, veremos lo esencial que es el fracaso para aprender a ser valientes.

Hace unos años, encontré un breve ensayo dirigido a jóvenes artistas escrito por Ira Glass, presentador y productor ejecutivo del popular programa de radio y podcast *This American Life* (Esta vida americana). Empieza por reconocer la distancia inicial entre la aspiración artística y nuestros primeros intentos titubeantes de expresarla. "Durante los dos primeros años en que haces cosas, lo que haces no es tan bueno", escribe. "Lo que estás haciendo es algo que te decepciona".[13] Pero lo que el artista hace *a continuación* lo determina todo:

> Si acabas de empezar o si todavía estás en esta fase, debes saber que es normal y que lo más importante que puedes hacer es trabajar mucho… Solo trabajando mucho vas a ponerte al día y cerrar esa brecha. Y entonces el trabajo que estés haciendo será tan bueno como tus ambiciones.[14]

Dar un paso al frente cuando no estás preparado es el precio de empezar. Es lo que debes hacer, una y otra vez, cuando avanzas hacia algo importante y te conviertes en la persona capaz de hacer o lograr lo que en ese momento está más allá de tu capacidad. Te presentas, ocupas tu lugar, te acercas al plato y bateas y fallas, y fallas y fallas, hasta que un día haces contacto.

Mis errores públicos han sido una de las lecciones de liderazgo más instructivas, aunque dolorosas. Me han enseñado humildad. He aprendido que enfrentarme a mis críticos, asimilar lo que tienen que decir y asumir mis errores no solo es la mejor manera de sortear la tormenta, sino también de madurar.

Tres años después de asumir el cargo de obispa, prediqué un sermón de Nochebuena en la Catedral Nacional de Washington que, por decirlo suavemente, no salió bien. Por la intensidad emocional de la época y porque más gente asiste a la iglesia, la Navidad es una experiencia muy estresante para la mayoría de los predicadores. Yo siento esa presión todos los años, e incluso de forma más aguda en la catedral porque sus misas atraen a multitudes, y muchos no han entrado en una iglesia en años, si es que lo han hecho alguna vez. La Nochebuena es mi oportunidad anual de compartir lo más vital de la fe cristiana con un amplio público: que Dios es amor y, por amor a la humanidad, Dios viene a nosotros donde estamos, tal como somos. Por la ubicación de la catedral y su público, también se espera que se aborden cuestiones más amplias de la actualidad. Todos los años hay mucho en juego.

Ese año había hecho todo lo posible por prepararme, pero mi ofrenda, como diría Ira Glass, no era muy buena. No tuve más remedio que predicar lo que tenía y rezar para que fuera una de esas veces en las que el Espíritu compensara mi falta de inspiración. No fue así. Peor aún, con un ejemplo que usé ofendí a varios asistentes judíos y a sus amigos cristianos. Sin pretenderlo, toqué un nervio que le dolió a una gran parte de la comunidad judía afiliada a la catedral. Algunos estaban perplejos y dolidos. Otros estaban furiosos.

Se corrió la voz y, en la mañana de Navidad, mi buzón de correo electrónico estaba lleno de expresiones de decepción e indignación. Una persona llegó al grado de contactar al editor de religión de *The Washington Post* para quejarse de lo que yo dije. Me sentí mortificada.

Varios amigos intentaron hacerme sentir mejor, e incluso elogiaron el sermón y tildaron de intrascendentes las reacciones negativas que suscité. Algunos señalaron a mis críticos y me animaron a ignorarlos. Era tentador culpar a quienes me atacaban con tanta intensidad. Después de todo, parte de la tarea de un predicador es arriesgarse a incomodar a la gente cuando dice verdades dolorosas, pero necesarias. Pero esa no era mi intención. En lugar de eso, una imagen en la que francamente no pensé mucho fue una fuente de ofensa y dolor para algunos que vinieron esa noche en busca de inspiración y belleza. Me sentí fatal.

En general, fue un error público relativamente menor, y desde entonces he cometido otros mucho más espectaculares. Pero en ese momento, yo estaba completamente deshecha. Me importa predicar bien, y no solo decepcioné a quienes tuvieron la amabilidad de no decir nada, sino que les causé verdadera angustia a otros. La lluvia de críticas fue abrumadora, y yo no estaba preparada para la espiral emocional en la que caí los días siguientes.

En un regalo de la providencia, el libro de la Dra. Brené Brown *Rising Strong: How the Ability to Reset Transforms the Way We Live, Love, Parent, and Lead* (Más fuerte que nunca: resetea y transforma tu manera de vivir, amar, educar y liderar) llegó a mis manos en esos días turbulentos. Fue un salvavidas: once capítulos sobre el dolor y la humillación de fracasar en cualquier ámbito de la vida, ya sea grande o pequeño, y cómo recuperarse de ello. Brown hace referencia a una imagen que definía su obra anterior, la de una arena en la que alguien está dispuesto a fracasar mientras se atreve grandemente a lograr algo. Sin embargo, en *Rising Strong* se detiene en el momento en que esa persona valiente se desploma boca abajo. "Nuestros momentos de 'derrumbe' pueden ser grandes, como cuando nos despiden o descubrimos que nuestra pareja tiene una aventura", escribe, "o pueden ser pequeños, como enterarse de que un hijo ha mentido sobre sus calificaciones o sufrir una decepción en el trabajo".[15] No podía dejar de leer el libro.

Como lo ha hecho por tantas personas, Brown me dio permiso para enfrentar el dolor de la crítica pública y la decepción personal y aprender bien sus lecciones. En esas páginas, me retó a hacer el trabajo: "Pretender que podemos llegar a ser *útiles*, *generosos* y *valientes* sin pasar por emociones duras como la *desesperación*, la *vergüenza* y el *pánico* es una suposición profundamente peligrosa y equivocada".[16] Leer sus palabras fue como un momento crucial: ¿qué clase de líder público sería yo?

Brown esboza un proceso sencillo, aunque difícil, para levantarnos cuando caemos o, como yo lo he llegado a experimentar, para levantarnos *de nuevo*, esta vez en el momento que se presenta después de haber dado un paso adelante y fracasar. En primer lugar está el "ajuste de cuentas", en el que hacemos un balance de dónde nos encontramos, reconocemos el dolor y la desorientación de la caída y pasamos del juicio a la curiosidad.[17] A continuación está el "estruendo", en el que nos apropiamos realmente de lo que ha sucedido y formulamos las preguntas que amplían nuestra comprensión. Por último, está la "revolución", un término que Brown usa para expresar el tipo de transformación audaz que pueden experimentar las personas y la sociedad cuando nos convertimos en el tipo de personas que están dispuestas a fracasar por las cosas que importan, precisamente porque sabemos que podemos volver a levantarnos.[18]

Decidí enviar una disculpa personal a todos los que me habían escrito contándome su dolor y su enojo, y ofrecerles que nos reuniéramos. Casi todos me respondieron, sorprendidos y agradecidos porque me hubiera puesto en contacto con ellos. Cuatro aceptaron mi invitación y en el nuevo año los recibí a todos en mi despacho. Escuché sus historias, que me ayudaron a comprender mejor por qué mis palabras fueron tan ofensivas. No estaba de acuerdo con todos sus argumentos, pero recordé el poder del lenguaje para provocar dolor. Nuestras diferencias importaban menos que el hecho de estar hablando de cuestiones delicadas sobre fe e identidad.

También descubrí que podía dar un paso al frente ante la confusión que yo misma generé y, al hacerlo, calmar una situación volátil. En *Love Is the Way*, el obispo Curry escribe sobre "aprender a ponerse de pie y arrodillarse al mismo tiempo", es decir, mantenerse fiel a sus convicciones y, al mismo tiempo, recibir la ira de otra persona con compasión y respeto.[19] Para mí fue fundamental permitirles a quienes había herido que expresaran su ira, asimilarla y permanecer de pie. Es una lección que debo volver a aprender con cada fracaso, tanto público como privado.

Me gustaría poder decir que fracasar se va volviendo más fácil, pero siempre duele igual. Aun así, no hay otra forma en la que preferiría vivir o liderar. Esa es la parte revolucionaria, afirma Brown: "Cuando el proceso se convierte en *una práctica* [las cursivas son mías] —una forma de comprometerse con el mundo—, no hay duda de que provoca un cambio revolucionario. Nos cambia a nosotros y cambia a la gente que nos rodea".[20]

Una tercera forma de experimentar el llamado a dar un paso adelante, y quizá la que más reafirma la fe, es cuando nos sentimos atorados en la complejidad y las contradicciones de nuestra vida. Salir del trance del ensimismamiento para hacer algo valiente y bueno en una esfera completamente distinta es gracia pura. Pensar en otra cosa y volver a conectar con todo lo que le da sentido a la vida es un alivio, precisamente cuando nos sentimos menos dignos de ello.

El ejemplo clásico es el del patriarca Jacob, cuya historia se narra en el Libro del Génesis. Una advertencia para quienes no hayan leído los primeros textos bíblicos: mucho de lo que encontramos en ellos es ofensivo para la sensibilidad moderna. En el mundo antiguo, la esclavitud, la poligamia, el patriarcado y la violencia eran normativos, y al igual que algunos en nuestro tiempo, muchas personas, incluyendo a los que escribieron estos textos, creían que dichas atrocidades estaban sancionadas por Dios.

Por fortuna, hay un hilo corrector a lo largo de las Escrituras y una admirable voluntad de reconocer los fracasos y pecados de nuestros antepasados espirituales. En otras palabras, la Biblia narra historias de seres humanos imperfectos y sus encuentros con Dios a lo largo de una historia tan turbia como la nuestra. Conforme cada generación lee los textos antiguos a través de una nueva lente, revelan nuevas perspectivas que brindan significado, desafío, consuelo y orientación. Soy de los que creen que, a través de los textos, Dios les habla a quienes deciden escuchar.

Volvamos a Jacob, que, según todos los indicios, es un sinvergüenza y un ladrón. De joven, le roba a su hermano mayor Esaú el derecho de primogenitura y luego procede a engañarlo para que no reciba la bendición de su padre, un ritual particular del mundo antiguo que solo podía concederse una vez. A instancias de su madre, Jacob abandona su hogar, supuestamente para encontrar esposa entre sus parientes en otra región, pero, igualmente importante, para escapar de la ira de Esaú.

Jacob encuentra la horma de su zapato en su futuro suegro, Labán, un oportunista. Tras un encuentro de amor a primera vista con Raquel, la hija menor de Labán, Jacob pide la bendición de Labán para casarse con ella. Labán accede, siempre y cuando Jacob trabaje para él durante siete años. Pero cuando Jacob cumple su parte del acuerdo, Labán lo engaña para que se case con Lea, la hermana mayor de Raquel, asegurándole que, tras siete años más de trabajo, podrá casarse también con Raquel. Jacob acepta y al final se casa con las dos hijas. Jacob prospera en la casa de su suegro, hasta el punto de que Labán y sus hijos sospechan de él y su relación se deteriora.

En medio de este drama familiar, Dios le habla a Jacob: "Vuelve a la tierra de tus antepasados y a tu familia, y yo estaré contigo".[21] Es un llamado tan claro como el que Abraham recibió antes que él, y él también responde sin vacilar. Conspira con sus dos esposas para planear su huida. Se escapan una mañana temprano y se llevan todo lo que pueden cargar, incluyendo los objetos sagrados de la casa de Labán.

En el camino de vuelta a su tierra natal, el pasado de Jacob vuelve a atormentarlo, pues con justa razón está preocupado por cómo le recibirá Esaú. Después de enviar una ofrenda de paz, Jacob se entera de que su hermano viene a su encuentro, acompañado de cuatrocientos hombres. Ahora Jacob está realmente asustado.

Tras enviar a su familia a adelantarse para protegerse, Jacob espera solo la llegada de su hermano. Aquí la historia cambia a un reino místico. De la oscuridad aparece un extraño que lo ataca y luchan toda la noche. Jacob parece resignado, pero sigue luchando. En un momento dado, el hombre golpea la cadera de Jacob y lo hiere de gravedad, pero Jacob no ceja en su empeño. Al amanecer, el forastero le suplica a Jacob que lo deje ir. "No te dejaré marchar", responde

Jacob, "a menos que me bendigas". "Ya no te llamarás Jacob", le dice el forastero, "porque has luchado con Dios y con los hombres y has vencido".[22]

Junto con Jacob, nos damos cuenta de que estuvo luchando toda la noche con Dios. "He visto a Dios cara a cara, y sin embargo mi vida ha sido preservada", se maravilla después. La bendición que pidió y recibió era solo suya, suplantando así la bendición que le robó a su hermano. Al día siguiente, Jacob y Esaú se encuentran y se reconcilian. Como reconocimiento del costo de la bendición, Jacob cojea durante el resto de su vida.

Lo que me sorprende aquí no es la torpeza de Jacob, que sigue siendo una constante, sino que una y otra vez, Dios mira más allá de sus acciones egoístas y engañosas y lo llama a ocupar su lugar en el linaje del pueblo de Dios. En un convincente sermón predicado en la Catedral Nacional de Washington el 27 de septiembre de 2020, Justin Welby, arzobispo de Canterbury, se detuvo en la historia de Jacob y lo describió como "la víctima solitaria de un trauma familiar autoimpuesto, el estafador narcisista".

> Ha engañado a su padre y a su hermano, pero la gracia y el amor de Dios son mayores que sus pecados y su fracaso. Se encuentra en gran peligro, perseguido, con todo un camino recorrido, y animales salvajes a su alrededor. Sin embargo, Dios, el Dios de sus antepasados, está con él. En la ignorancia y el pecado de Jacob, Dios se acerca. Lo rescata, lo bendice, lo pone en un nuevo rumbo. Su futuro es una bendición recibida y dada. No hay una solución sencilla. No se recompensa la virtud ni se castiga el pecado. No hay una sensación cómoda de que, por haber sido bendecido, él tenía razón. La gracia de Dios es generosa, pero también exige que demos todo lo que somos. Ante Jacob, en su futuro, además de una bendición

> de catorce años de gruñidos y trabajo mal pagado, vivirá de su astucia, con la que volverá a engañar. Sin embargo, la gracia de Dios sigue siendo pródiga.[23]

El arzobispo resume así la forma en que Dios nos llama a salir de nosotros mismos: "La complejidad de la acción y la motivación de Jacob se encuentra en Dios, no simplificando ni condonando, sino llamando".[24] Dios no excusa, ni condona, ni parece molestarse por el pasado de Jacob. Dios se limita a sacarlo de su marasmo y a ponerlo en otro camino, dándole algo digno que hacer.

He perdido la cuenta de las veces que yo he sido rescatada de la espiral descendente de mis pensamientos, ansiedades o acciones insensatas por el llamado a dar un paso adelante hacia otra cosa. Ese giro no elimina ni resuelve las ambigüedades y contradicciones de mi vida, pero durante un tiempo me libera de ellas y me permite centrar mi atención en algo que valga la pena, hacer algo por otra persona.

A principios de septiembre de 2021, sentí que la tristeza me invadía hasta el grado de la desesperación. El final del verano suele ser un momento de melancolía para mí y ese año fue especialmente intenso. Nos despedimos de nuestros hijos adultos y de nuestros dulces nietos pequeños sin saber cuándo podríamos volver a verlos, debido a las precauciones ante la pandemia. Me enfrentaba a la perspectiva de volver al trabajo tras varias semanas fuera, donde me esperaban múltiples tareas, ninguna de las cuales quería hacer. Hacía tiempo que no experimentaba un estado depresivo tan puro, y estaba perfectamente contenta con hundirme aún más.

Entonces recordé que una vecina estaba organizando ese fin de semana lo que ella llamaba un "regalo de jardín" (en lugar de una venta de jardín) para ayudar a las familias inmigrantes especialmente afectadas por la pandemia y el posterior cierre económico. Me sentía cansada y estuve a punto de dejar pasar la oportunidad de ayudar, pero una noche, a última hora, llené el coche con platos, ollas, sartenes, cobijas, ropa y muebles. A la mañana siguiente, manejé hasta el lugar de la donación, una cancha de básquetbol cerca de un gran complejo de departamentos en una parte de la ciudad en la que nunca había estado.

En la cancha de básquetbol, una docena de voluntarios organizaba una montaña de donativos en lo que parecía el primer piso de unos grandes almacenes, mientras afuera se formaba una fila. Los niños corrían por el perímetro, señalando las bicicletas y los juguetes con emoción. Cuando se abrió la puerta, parecía la mañana de Navidad.

Mi trabajo consistía en acompañar a los residentes ancianos mientras seleccionaban las cosas. Una mujer, que me enteré que tenía cáncer, me pidió que le sujetara la bolsa. Mientras caminábamos por los distintos puestos, vi cómo las adolescentes se probaban chamarras y se pasaban pares de jeans, buscando el que les quedara mejor. Los niños más pequeños llevaban peluches. Las parejas llevaban muebles a sus departamentos. Cuando el patio se vació de mercancías y personas, hablé con las mujeres que organizaron el acto. Estaban cansadas y satisfechas, y ya planeaban su próxima iniciativa.

Ese día, lo que di de nuestra casa y mi presencia en la reunión fueron una ayuda modesta, pero lo que recibí fue un regalo impagable. El simple hecho de estar en una comunidad que practicaba el amor me sacó de mi agobiante tristeza a un espacio de gratitud. Cuando terminó el evento, yo seguía siendo la misma persona con las mismas dificultades. Pero unirme al acto entre vecinos me permitió, por un tiempo, liberarme. Fue un recordatorio lleno de gracia de Dios, que ve todos mis quebrantos y no responde simplificando ni perdonando, sino invitándome a salir de mí misma y a hacer algo que valga la pena. Cada vez que sucede, me siento, como Jacob, agradecida por la voluntad de Dios de trabajar a través de mis imperfecciones. No se trata de ser lo suficientemente bueno para Dios ni para nadie, sino de responder al llamado que nos hace.

Todos aquellos cuyas historias he tenido el privilegio de compartir en este libro tuvieron sus momentos de "dar un paso al frente", algunos de importancia personal y otros con un impacto social que reverbera a través del tiempo. Una de las razones por las que me cautiva la lucha por la justicia racial y los derechos civiles en este país es porque la narración histórica enlaza muchos de esos momentos de coraje, en los que los individuos hacen posible lo que durante mucho tiempo ha parecido inalcanzable e inspiran a las generaciones futuras para llevar adelante el sueño. Me he enfocado sobre todo en las historias personales, pero el relato colectivo es igualmente poderoso. Porque cuando las almas valientes se unen en un propósito común, guiadas por quienes les ayudaron a creer que su contribución importa, el mundo cambia para mejor.

Volvamos al momento triunfal de 1965, cuando Martin Luther King Jr. habló desde las escaleras del edificio del capitolio estatal en Montgomery, Alabama, porque fue el fruto duramente ganado de innumerables actos de valentía. La resistencia al derecho de voto de los negros en Alabama (de hecho, a los derechos civiles de cualquier tipo) fue feroz y espantosa. El viaje a Montgomery comenzó con derramamiento de sangre cuando el 7 de marzo los manifestantes fueron violentamente repelidos en el puente Edmund Pettus. Gracias a la presencia de las cámaras de televisión, la nación fue testigo de la carnicería y King aprovechó el momento. Él no estuvo en Montgomery en lo que ahora se conoce como el "Domingo Sangriento", pero lideró un segundo intento de cruzar el puente dos días después, desafiando los edictos locales que prohibían la marcha. Además, hizo un llamado al clero blanco y a las personas de buena voluntad de todo el país para que se unieran a él en una protesta pacífica. De inmediato, cientos de personas se dirigieron hacia el sur, incluyendo al decano de la Catedral Nacional de Washington, Francis B. Sayre Jr.

Después de días de negociaciones y manifestaciones locales, un juez federal le concedió protección a un número limitado de personas para que emprendieran el viaje, y la marcha de 87 kilómetros hacia Montgomery comenzó con decisión. En todo momento, las autoridades locales y los grupos de vigilantes blancos amenazaron a los manifestantes con la violencia. Las cámaras de televisión y los periodistas se unieron a la peregrinación de cinco días, al igual que las tropas de la Guardia Nacional allí presentes para proteger a los manifestantes. Miles de hombres y mujeres negros de todo Alabama arriesgaron sus vidas y su sustento para encontrarse con King en el camino. El poder de la marcha residía en el número de personas dispuestas a arriesgar sus vidas.

Uno de ellos era un trabajador ferroviario negro llamado Henry Caffey, que vivía en la pequeña ciudad de Trickem, Alabama. Caffey había trabajado para el ferrocarril toda su vida como obrero ferroviario, colocando, enderezando y reparando tramos de vía a mano. En 1965, Henry alcanzó el puesto de jefe de sección, el más alto al que podía aspirar un negro en su campo de trabajo. Era un empleado respetado y se llevaba bien con la mayoría de los hombres blancos para quienes trabajaba. La hija adolescente de Henry quiso unirse a la marcha cuando pasó cerca de Trickem.

Conocí la historia de Henry Caffey y su hija gracias a mi colega Andrew Waldo, que creció en Montgomery en los años sesenta y fue hijo de un sacerdote episcopal. De niño, Andrew jugaba con los hijos de los líderes de los derechos civiles, negros y blancos, y siempre le han interesado apasionadamente los trenes y cómo los ferrocarriles marcaron la historia de nuestra nación. Un año que estaba en sabático, Andrew regresó a Montgomery para entrevistar a todos los trabajadores jubilados del Ferrocarril Occidental de Alabama que pudiera encontrar. Una tarde, sentado en el porche de Caffey, escuchó al anciano recordar esos años turbulentos.

La marcha de Selma a Montgomery fue un momento de enorme trascendencia, sin duda para la joven, pero también para su padre. En palabras de Andrew: "En un pequeño pueblo de Alabama, todo el mundo conoce a todo el mundo. Si ella participaba en la marcha, todo el mundo lo sabría, y alguien pagaría las consecuencias". Imagino que fue toda una conversación entre padre e hija, pero como muchos, de cuyos actos valientes somos testigos, todo lo que sé es que al final Caffey accedió a llevarla en coche para que se uniera a la marcha. Mientras recorrían los cinco kilómetros que separan su casa de la autopista, un policía estatal reconoció el coche de Caffey y lo detuvo. El agente le puso una multa y le dijo: "Henry, lleva a tu hija de vuelta a casa y te quitaré la multa". Caffey respondió: "Puede poner todas las multas que quiera. Mi hija va a participar en esa marcha".[25]

Entre los clérigos blancos que viajaban hacia el sur había un estudiante del seminario episcopal de Cambridge, Massachusetts, llamado Jonathan Daniels. Daniels compartía las aspiraciones idealistas de muchos jóvenes del Norte y, a través de una pasantía en el ministerio urbano en Providence, Rhode Island, había hecho conciencia de las duras disparidades raciales de Estados Unidos. Sin embargo, su decisión de ir a Selma lo sorprendió porque, ese mismo año, había defendido públicamente al obispo episcopal de Alabama, que les dijo explícitamente a los episcopales del Norte que se mantuvieran fuera de su jurisdicción.[26]

Daniels formaba parte de un grupo de seminaristas que, el 7 de marzo, presenciaron la matanza del puente Edmund Pettus en directo por televisión. Cuando escuchó la petición de King de que los líderes religiosos acudieran al Sur, Daniels decidió recaudar dinero para ayudar a otros estudiantes a realizar el viaje en lugar de ir él mismo. Sin embargo, en el servicio religioso de esa noche en la capilla, mientras Daniels cantaba lo que se conoce como el *Magnificat*, o *Canto de María*, tuvo lo que solo puede describirse como una experiencia de conversión, ya que la madre de Jesús le instó a ir a Selma.[27]

Daniels y sus compañeros formaban parte de los dos mil manifestantes pacíficos que marcharon con el Dr. King a través del centro de Selma, pero después de cruzar el puente Edmund Pettus, fueron detenidos de forma abrupta por una orden judicial federal. En esta etapa del movimiento por los derechos civiles, King no desafiaría al gobierno federal, que era su única protección real contra el extremismo sureño. Muchos de los que fueron a la marcha regresaron a casa decepcionados.

Daniels y su compañera de seminario Judy Upham, sintiéndose incómodos con un testimonio tan breve e infructuoso, optaron por quedarse en Selma. Junto a ellos estaba el reverendo James Reeb, ministro unitario de Boston, que había tomado el mismo vuelo que Daniels. Esa noche, Reeb fue atacado y asesinado por vigilantes blancos cuando salía de un restaurante negro, y su muerte envió un mensaje escalofriante a todos los que se quedaron: ellos también estaban arriesgando sus vidas.

Después de que el presidente Johnson pronunció un discurso ante una sesión conjunta del Congreso en apoyo de la Ley del Derecho al Voto, King finalmente consiguió el permiso federal y las promesas de protección. Daniels y Upham estaban entre las más de tres mil personas que salieron de Selma el primer día. Desde allí, solo se autorizó a trecientas personas a continuar por la estrecha carretera que llevaba a Montgomery. Daniels ayudó a transportar a la gente de vuelta a Selma, y volvía cada noche para montar campamentos y hacer guardia. La multitud regresó para el tramo final cinco días más tarde. Daniels y Upham estuvieron allí el 25 de marzo para escuchar el jubiloso discurso de King cuando veinte mil personas lo acompañaron ante el Capitolio del estado.

Mientras los manifestantes se apuraban para abandonar Montgomery antes del anochecer, Viola Liuzzo, una mujer blanca de treinta y nueve años que manejó desde Detroit para participar, llevaba a un grupo de estudiantes de vuelta a Selma por un tramo desolado de la autopista ochenta cuando un coche lleno de miembros del Ku Klux Klan pasó a toda velocidad junto a ella. Un hombre bajó la ventana, apuntó con una pistola y la mató de un disparo.[28] Consternados por la muerte de Liuzzo, inspirados por el valiente testimonio de tantas personas y enamorados de la familia negra que los recibió en su casa, Daniels y Upham permanecieron en Selma toda la primavera, registrando votantes y dando clases particulares a alumnos de primaria. Daniels también formó parte de un comité de diálogo con destacados líderes blancos de Selma, entre ellos miembros de la Iglesia episcopal local, muchos de los cuales se resistían a la integración de su congregación.

Para entonces, los focos nacionales ya habían abandonado Selma, mientras King concentraba sus energías en otros lugares y las tensiones raciales se recrudecían en las ciudades del Norte. Pero el sentido de la vocación de Daniels había quedado fijado desde la noche en que cantó el *Magnificat* en la capilla. Como escribe Stephanie Spellers en su libro *The Church Cracked Open: Disruption, Decline, and New*

Hope for Beloved Community (La Iglesia resquebrajada: Perturbación, decadencia y nueva esperanza para la comunidad amada): "El grito revolucionario de María ayudó a que Daniels dirigiera la mirada a Selma".[29] Y allí se quedó.

Daniels y Upham regresaron al seminario para los exámenes finales y, en julio, Daniels estaba de vuelta en Alabama para dedicar todo el verano al activismo y al registro de votantes, siendo uno de los pocos trabajadores blancos por los derechos civiles en el estado. Con su cámara y cuaderno en mano, estaba decidido a documentar la pobreza abyecta y el trato abusivo que sufrían los residentes negros y, en lo posible, mejorarlos. Si las condiciones eran malas en Selma, eran todavía peores en el condado vecino de Lowndes, el más pobre del estado. Allí, los negros superaban en número a los blancos en una proporción de cuatro a uno, y la mayoría trabajaba como campesinos aparceros en antiguas plantaciones en condiciones no mucho mejores que en los tiempos de la esclavitud. La segregación era cruel sin concesiones. Los residentes negros que intentaban votar eran rechazados o sometidos a pruebas de alfabetización, y muchas veces después los despedían.

Lejos de los reflectores nacionales, Stokely Carmichael y el Comité Estudiantil de Coordinación No Violenta (SNCC, por sus siglas en inglés) se abrían paso poco a poco gracias a una laboriosa organización en el condado de Lowndes, y Daniels quería estar entre ellos. John Lewis, que en ese momento era presidente nacional del SNCC, más tarde dijo que Daniels se había convertido en un pariente de los granjeros negros del condado y en un líder por derecho propio.[30]

El 6 de agosto se hizo historia, cuando el presidente Johnson promulgó la Ley del Derecho al Voto de 1965. Los registradores electorales federales no tardaron en llegar al condado de Lowndes. Mientras tanto, la atención nacional se centraba en California, en el barrio de

Watts de Los Ángeles, donde estalló la mayor rebelión negra desde la Segunda Guerra Mundial. El estado de ánimo entre los residentes blancos del condado de Lowndes se volvió más ominoso ante el temor de que se produjera un levantamiento similar. "Los blancos que durante generaciones habían usado impunemente la violencia contra los negros solo podían esperar que los negros les devolvieran la misma violencia", escribe Charles Eagles en su biografía de Jonathan Daniels. "Al mismo tiempo, la respuesta de la nación a los disturbios de Watts convenció a los supremacistas blancos de Lowndes de que contaban con un amplio apoyo público para combatir la insurrección negra".[31] En un entorno tan cargado y paranoico, el simple hecho de inscribirse para votar se consideraba una amenaza para el control social blanco.

Muchos estudiantes negros, demasiado jóvenes para votar pero decididos a hacerse escuchar, se pusieron manos a la obra. A principios de agosto, en colaboración con los organizadores del SNCC, un grupo de estudiantes planeó una protesta en la ciudad de Fort Deposit (Alabama), predominantemente blanca, donde con frecuencia les negaban el servicio a los clientes negros en las tiendas locales o les cobraban precios mucho más altos. Los líderes locales del SNCC le comunicaron a su sede en Atlanta su temor a las represalias de los miembros del Klan y pidieron protección policial y cobertura de prensa. John Lewis le envió un telegrama al gobernador George Wallace exigiendo protección para los manifestantes, pero fue en vano.[32]

Cuando la comunidad blanca se enteró de la protesta planeada, se armaron como si se prepararan para la guerra. "Circularon rumores entre los desconcertados y temerosos residentes blancos de que los jinetes de la libertad habían llegado a Fort Deposit", escribe Eagles. "Hombres blancos armados patrullaban la ciudad con furiosa expectación. Había pistolas y palos por todas partes".[33] Alrededor de las diez de la mañana, algunos adultos negros llegaron al pueblo y se plantaron afuera de la oficina de correos, esperando para registrarse para votar. Mientras tanto, los jóvenes planeaban comenzar su manifestación desde la iglesia metodista, al norte de la ciudad.

Daniels, junto con un sacerdote católico llamado Richard Morrisroe, decidió apoyar a los adolescentes en su primera protesta. A esas alturas, para Daniels ya era algo natural. Quienes estaban presentes ese día en Fort Deposit lo recuerdan relajado, parecía disfrutar mientras marchaba por la ciudad. En grupos de ocho a diez, jóvenes y adultos negros se acercaron a tres tiendas con carteles de protesta. Eran pacíficos y ordenados, pero cuando se acercó un grupo armado de hombres blancos, la policía de Fort Deposit detuvo a todos los manifestantes, incluyendo a Daniels y Morrisroe.

Todos los mayores de dieciocho años pasaron seis miserables días en la cárcel de la cercana ciudad de Hayneville, mientras abogados y activistas de todo Alabama intentaban liberarlos. Luego, el 20 de agosto, sin explicación alguna, les dijeron que abandonaran la ciudad de inmediato. Daniels, Morrisroe y otras dos manifestantes, Ruby Sales y Joyce Bailey, decidieron detenerse a comprar refrescos en la única tienda de Hayneville donde los negros podían comprar con libertad. Sin que ellos lo supieran, un hombre blanco llamado Tom Coleman había recibido información de la oficina del sheriff sobre los trabajadores de derechos civiles liberados y se adelantó hasta la tienda. Cuando Daniels abrió la puerta para que Sales entrara, Coleman apareció con su escopeta y les gritó que se fueran. En el último paso de su vida, Daniels empujó a Sales fuera del camino. Coleman le disparó a quemarropa en el pecho.

En la repisa de la chimenea de mi despacho tengo una réplica de la talla en piedra de Jonathan Daniels que se encuentra en el Pórtico de los Derechos Humanos de la Catedral Nacional de Washington. Con frecuencia la gente me pregunta quién es, y yo con gusto les narro la historia de un joven que aprendió a ser valiente. El valor le costó la vida, pero también le enseñó a vivir.

Aunque en comparación nuestros momentos de actuar con valentía puedan parecer pequeños, tienen un efecto acumulativo, y cada vez que elegimos dar un paso adelante puede haber mucho más en juego de lo que nos damos cuenta. Nunca estamos más vivos que cuando asumimos nuestro turno en las cosas más necesarias, cumplimos los propósitos más profundos de nuestra vida y nos sabemos aceptados a pesar de nuestros defectos y llamados a hacer algo valiente.

CAPÍTULO 6

La inevitable decepción

Ninguna buena acción queda impune.
OSCAR WILDE[1]

El tiempo cristiano de Cuaresma, que nos invita a la autorreflexión y a enmendar la vida, sigue el modelo de un intenso periodo de prueba y tentación que Jesús vivió justo después de ser bautizado por Juan en el río Jordán. La yuxtaposición es sorprendente. En cuanto el Espíritu de Dios le habla a Jesús al levantarse de las aguas del bautismo, diciéndole: "Tú eres mi Hijo, el Amado; en ti me complazco", ese mismo Espíritu lo *conduce* al desierto para ser tentado por Satanás.[2] En un momento, Jesús está disfrutando de la afirmación de Dios; en el siguiente, está luchando con sus debilidades humanas en una poderosa lucha contra la fuerza del mal. Si Jesús tenía algún delirio de grandeza, se desvaneció en el desierto.

Así es el latigazo emocional que sigue a muchos momentos decisivos. He asesorado a más de una pareja que se preparaba para el matrimonio, durante una crisis intensa, aunque normalmente de corta duración, en la que uno o los dos, al parecer felices, lo pensaban dos veces. Después de la euforia de comprometerse, las dudas los asaltaban conforme se asentaba la realidad de que estaban a punto de casarse. Asimismo, durante la experiencia del parto, que muchas personas describen como el momento espiritual más poderoso de sus vidas, se produce una oscilación previsible de emociones intensas que van de la euforia a la depresión inducida por el agotamiento, una experiencia abrumadora y generadora de culpa para los nuevos padres que todavía no han aprendido que esos sentimientos son normales. Aunque las circunstancias varían, la inevitable decepción emocional que viene después de un momento decisivo puede desviarnos del camino y hacer que cuestionemos la validez o el poder duradero de lo que pensamos que era una experiencia transformadora.

Con frecuencia me viene a la mente un pequeño ejemplo de mi vida, cuando necesito recordar lo que se siente el mantenerse firme en el estado emocional, a menudo frágil, que nos espera al otro lado de la valentía. Durante mi último año de seminario, me debatía entre la indecisión sobre la trayectoria de mis estudios. La elección que tenía ante mí era entre una vía de estudio más tradicional y otra con un sentido mucho más aventurero. Las clases tradicionales serían más exigentes académicamente y me mantendrían en el campus. La opción más aventurera implicaba mudarme a Washington D. C. cada semana y ocupar mi lugar entre otros que se sentían llamados al duro mundo del ministerio urbano. Tenía suficiente perspectiva para darme cuenta de que no era una decisión de vida o muerte. Sin embargo, estaba realmente atorada.

Con este dilema en la mente, me fui a nadar al centro deportivo local. Mientras daba vueltas, finalmente llegó la claridad, la luz por la que había estado rezando. Supe sin dudarlo que la mejor decisión era quedarme en el campus, centrarme en lo esencial y disfrutar de las últimas semanas en el seminario. El alivio me llenó de energía y terminé mi entrenamiento con fuerza y confianza. Pero en cuanto salí de la alberca y empecé a secarme, toda la incertidumbre regresó, superando la confianza que sentí momentos antes. La decepción fue tan rápida que me solté a reír. Entonces me di cuenta de que podía confiar en lo que había pasado en la alberca o bien hacer caso a la oleada de dudas que vino después. En lo que sentí como un acto de fe, decidí confiar en mi experiencia en el agua. La decisión en sí hace tiempo que dejó de tener importancia, pero la memoria de recibir el regalo de la claridad seguido de la sensación inmediata de que era una ilusión me ha ayudado a navegar por el mismo vaivén de emociones cuando lo que estaba en juego era mucho más importante.

La decepción adopta muchas formas. Cuando se disipa el subidón de energía, el sentimiento más predecible es el *vacío*, cuando la vida, en toda su ambigüedad, vuelve a su sitio. Las viejas rutinas y los problemas sin resolver se reafirman. Aparecen las dudas. Durante un tiempo, perdemos el norte y nos sentimos tentados a abandonar el camino de la valentía o, lo que es igual de peligroso, a caer en el exceso de confianza, con una sensación temporal de invencibilidad que nos ciega ante lo que nos espera.

Los Evangelios ofrecen un claro ejemplo de esta última dinámica en una conversación entre Jesús y su discípulo Simón Pedro. Cuando el ministerio de Jesús está cobrando impulso y su fama va en aumento, se lleva aparte a sus más cercanos para reflexionar sobre el significado de todo eso. "¿Quién dice la gente que es el Hijo del Hombre?", les pregunta. "Algunos dicen que Juan el Bautista", responden, una afirmación sorprendente ya que Juan, el líder del movimiento espiritual del que surgió Jesús, había sido ejecutado recientemente por el rey Herodes. "Otros dicen que Elías", continúan, refiriéndose a un antiguo profeta que, según la tradición judía, volvería como precursor del Mesías. "Y otros, Jeremías o alguno de los profetas".[3] Es evidente que Jesús está despertando esperanzas entre la población y encendiendo sueños de liberación de la ocupación romana.

Jesús pregunta entonces: "¿Pero *ustedes* quién dicen que soy yo?". Con una claridad inmediata y asombrosa, Simón Pedro declara: "Tú eres el Mesías, el Hijo de Dios vivo". Profundamente conmovido, Jesús exclama: "¡Bendito seas, Simón, hijo de Jonás! Porque no te lo ha revelado la carne ni la sangre, sino mi Padre que está en los cielos... Tú eres Pedro [nombre derivado del griego *petra*, que significa 'piedra'], y sobre esta roca edificaré mi Iglesia".[4] Ante el asombro de Simón Pedro, y seguro de todos los demás, Jesús lo elevó a una posición de liderazgo.

Ojalá la conversación hubiera terminado ahí. Pero Jesús continúa, les ordena a los discípulos que guarden silencio y les dice que está destinado a sufrir y morir cuando entren en Jerusalén. Simón Pedro protesta: "¡Dios no lo quiera, Señor! Esto no te debe pasar nunca". El regaño de Jesús es inmediato: "Apártate de mí, Satanás. Me sirves de tropiezo porque no te fijas en las cosas divinas, sino en las humanas". Segundos después de escuchar los mayores elogios de Jesús, Simón Pedro es humillado delante de sus compañeros.[5]

Como Simón Pedro, a veces yo he asumido por error, en el resplandor de la alabanza pública, que un logro o una visión en un ámbito de mi vida se trasladaría a otros. Una vez, por ejemplo, cuando era párroca en Mineápolis, me involucré en una organización comunitaria religiosa conocida como ISAIAH, una coalición multirracial y apartidista dedicada a la justicia racial y económica en Minesota.[6] Periódicamente, los líderes de ISAIAH me invitaban a ser oradora en una reunión comunitaria o la principal organizadora de una reunión con funcionarios electos. Estos esfuerzos requerían una gran preparación y práctica, y en sí mismos los actos con frecuencia eran emocionantes. Me encantaba hablar ante una multitud o defender con firmeza una postura en los pasillos del poder político. A veces, fui lo bastante eficaz como para atraer la atención y la aclamación públicas.

Siempre, después de una reunión o un acto en el que desempeñaba un papel destacado, otro grupo u organizador comunitario me invitaba a hablar sobre un tema diferente o a participar en otra acción para la que no estaba preparada. Regodeándome en mi éxito anterior, aceptaba. Baste decir que los resultados siempre eran vergonzosos. Me sentía humillada y expuesta como la novata política que era. "Nunca dejes que los errores te detengan", me aconsejó una vez un organizador comunitario que me vio retirarme tras una reunión desastrosa con un funcionario electo. "Aprende todo lo que puedas de esto y sigue adelante".

Volviendo al intercambio entre Jesús y Simón Pedro: es digno de mención que la reprimenda de Jesús no lo hace cambiar de opinión sobre el futuro liderazgo de Simón Pedro. Y aunque las palabras de Jesús debieron dolerle, Simón Pedro permanece a su lado. Tampoco sería la última vez que le fallaría a Jesús. El incidente más atroz estaba por llegar, después de que Jesús fuera arrestado, cuando Simón Pedro tres veces niega públicamente que conoce a Jesús. Cuando Jesús es crucificado, Simón Pedro y los demás discípulos varones huyen despavoridos, mientras que las mujeres de su grupo permanecen junto a la cruz.

En un relato evangélico, los hombres regresan a sus pueblos de origen y a sus antiguos trabajos de pescadores, paralizados por el dolor. Un día aparece Jesús resucitado, esperándolos en la orilla, mientras traen la pesca de la noche. Sobrecogido por la emoción, Simón Pedro salta al agua y nada hasta la orilla. "Vengan a desayunar", les dice Jesús. Luego le asegura a Simón Pedro que no solo está perdonado, sino que también sigue llamado a liderar. Simón Pedro se levanta y sigue adelante.[7]

Supongo que no debería haberme sorprendido experimentar una caída en desgracia pública, mientras seguía recibiendo la admiración efusiva del público por mi postura contra el expresidente Trump. Ciertamente, la estima no era universal, pero entre las personas cuya opinión de mi trabajo me importa, mi estatura pública había aumentado considerablemente. Los elogios eran afirmativos y seductores a la vez. Me invitaron a hablar en podcasts y a escribir artículos de opinión para periódicos nacionales. Los organizadores de la Convención Nacional Demócrata de 2020 me pidieron que ofreciera una bendición. Organizaciones de todo el país me invitaron a predicar o a dirigir seminarios. A finales de enero de 2021, aparecí en una publicación eclesiástica que elogiaba mi liderazgo.[8]

Luego, en febrero de 2021, una decisión que tomé con mi colega, el reverendo Randolph Marshall Hollerith, decano de la Catedral Nacional de Washington, suscitó críticas públicas tan duras y sostenidas que durante varias semanas no estuve segura de si sobreviviría mi episcopado. Todavía estábamos en el periodo inicial de confinamiento por la pandemia, meses antes de que hubiera vacunas disponibles. La Catedral Nacional de Washington estaba disfrutando de una ola nacional de gratitud pública por su culto en línea de alta calidad que les brindaba un salvavidas espiritual a miles de personas confinadas en casa en todo el país. El decano había empezado a invitar a destacados clérigos de diversas tradiciones y perspectivas teológicas a grabar sermones que luego se transmitían como parte del culto dominical virtual de la catedral. La mayoría de los oradores invitados fueron bien recibidos. Pero el viernes por la mañana antes de que predicara Max Lucado, un destacado predicador y autor cristiano evangélico, Randy me llamó y yo sabía por qué.

Para entonces ya me había dado cuenta de que la noticia de que Lucado hablaría desde el púlpito de la catedral había provocado alarma en las redes sociales por las declaraciones que hizo en el pasado contra las personas LGBTQ+. Pronto surgió un esfuerzo organizado para convencernos a Randy y a mí de que anuláramos la invitación. Los dos nos considerábamos firmes aliados de los miembros LGBTQ+ de la Iglesia y dábamos por sentado que nuestra solidaridad no estaba en tela de juicio. En una frase que he usado con frecuencia al intentar liderar por encima de las diferencias, pensé que "podíamos permitirnos ser generosos" con quienes tenían otros puntos de vista para crear un discurso civilizado sobre temas polémicos. "¿A quién le pides que sea generoso?", replicó una persona. "¿Les pedirías a los cristianos negros que fueran generosos y escucharan a un supremacista blanco?".

El decano y yo vimos el sermón pregrabado de Lucado. Su tema era el poder del Espíritu Santo en nuestras vidas, sin mención alguna a sus opiniones sobre la sexualidad humana, y no pensamos que fuera a ofender a nadie. Además, Lucado le expresó a Dean Hollerith en privado su arrepentimiento por la insensibilidad de los comentarios que hizo años antes, comparando el sexo gay con la zoofilia. Decidimos emitir su sermón.

El clamor público fue abrumador. Durante días, mi bandeja de entrada se inundó de cientos de correos electrónicos que expresaban dolor, ira y confusión. Con angustia, la gente se preguntaba por qué le habíamos cedido el púlpito de la Catedral, nuestra tribuna pública más querida, a alguien que se negaba a renunciar a las crueles declaraciones que hizo y cuya iglesia no era un lugar que acogía a las personas LGBTQ+. Algunos escribieron largos párrafos en los que relataban sus recuerdos de infancia, cuando sus padres y pastores les leían las palabras de Max Lucado; cuando fueron rechazados por sus congregaciones cuando salieron del clóset como gays o lesbianas; cuando vivían con miedo por sus hijos y nietos transexuales. Las cartas eran desgarradoras. Cuando intenté expresar mis razones en un post en las redes sociales, solo logré que las cosas empeoraran.

La intensidad de las emociones que nos invadieron —confusión, decepción, dolor y rabia— me dejó helada. Los miembros LGBTQ+ de la congregación de la Catedral preguntaban incrédulos por qué no los habíamos consultado. Los órganos de dirección de la diócesis se preguntaron lo mismo, y muchos clérigos se sintieron personalmente traicionados. Me dijeron que también había provocado una crisis pastoral en muchas de sus congregaciones, ya que una vez más les había pedido a los más perjudicados por la intolerancia de la Iglesia que pagaran el precio más alto en aras de entablar relaciones con los cristianos evangélicos. Personas de todo el país exigieron saber cómo y cuándo decidíamos y cuál era el proceso de selección de los predicadores de las catedrales. Nuestros críticos más acérrimos cuestionaron nuestro compromiso con la justicia, interpretando decisiones anteriores a la luz de esta.

No todos los comentarios fueron críticos. Algunas personas escribieron para decir que habíamos hecho lo correcto al no ceder a la presión pública y que todo el asunto era un ejemplo de la polaridad tóxica, la intolerancia y la cultura de la cancelación de nuestra sociedad. Sus palabras pretendían tranquilizarnos, pero no lo hicieron. Quizá incluso fueran ciertas, pero el hecho era que yo había dañado a gente a la que quería y había provocado que muchos se preguntaran si la Iglesia episcopal era un hogar espiritual seguro para ellos.

Yo no podía hacer nada al respecto, excepto la laboriosa tarea de disculparme y restituir. Los errores del pasado me habían enseñado los pasos a seguir, pero el conocimiento de ellos no lo volvía más fácil. Durante una semana, mientras estaba en cuarentena en un Airbnb de Mineápolis (a la espera de una prueba negativa de covid-19 para poder abrazar a nuestra nieta recién nacida), me levantaba cada día sola y respondía todos los correos electrónicos molestos y dolidos.

Así comenzaron los diálogos tentativos con aquellos de entre mis críticos dispuestos a participar. Muchos no lo estaban, pero algunos lo hicieron con amabilidad, incluyendo a la madre de un niño transgénero que me dijo que se preocupaba por su vida todos los días y colegas LGBTQ+ que me preguntaron si pensaba que alguna vez serían bienvenidos para hablar en la iglesia de Max Lucado. Sostuve conversaciones humildes con amigos que me aseguraron su amor, pero que necesitaban que yo supiera cuánto los había herido. El obispo que presidía la iglesia me apoyó a nivel pastoral, pero también dejó claro que Randy y yo debíamos disculparnos de forma pública, lo que hicimos varias veces. Max Lucado también nos pidió disculpas por escrito por las declaraciones que hizo en el pasado y que habían causado tanto dolor. Sin embargo, no se apartó de la postura de su iglesia contraria a la plena aceptación e inclusión de las personas LGBTQ+.

Pero las disculpas no fueron suficientes, lo cual fue evidente la tarde en que convocamos un diálogo en línea en el que varios centenares de episcopales de todo el país expresaron sus opiniones sobre el incidente. La Dra. Kelly Brown Douglas, teóloga canónica de la Catedral, actuó como facilitadora, un gesto generoso tomando en cuenta lo decepcionada que estaba por nuestras acciones. Otros nos ayudaron a elaborar estrategias para equilibrar la necesidad de escuchar con la de responder a las preguntas. Lo que escuchamos puso de relieve lo poco que yo entendía sobre la experiencia vivida por las personas LGBTQ+ y sus familias, y cómo a veces el peor dolor se lo infligen quienes imaginan, como yo, que somos incapaces de tal daño. Después de noventa minutos en Zoom, el evento terminó sin una sensación de resolución. La conversación en las redes sociales continuó durante días y, por duro que fuera ser objeto de críticas y especulaciones, me mantuve en ella lo mejor que pude.

El calvario fue una lección sobria sobre lo rápido que podía perder la confianza que me tardé años en establecer y cuánto trabajo me costaría recuperarla. También fue dolorosamente obvio que las acciones pasadas de liderazgo valiente no otorgaban inmunidad frente a las consecuencias de un error público. Pero también necesitaba seguir adelante. Un colega, cuya imagen pública es más fuerte que la mía, me mandó un mensaje de texto: "¡Ánimo!". Le respondí con palabras que esperaba fueran ciertas: "Aunque no soy de piedra, tampoco soy de cristal". Cuando Randy y yo nos sentíamos heridos y agotados, otro colega nos aconsejó: "Siempre es más duro ser criticado por sus aliados. No permitan que esto los detenga. Reciban el golpe y vuelvan a levantarse".

Con el tiempo, la tormenta pasó y volví a mi estado más natural de hacer mi trabajo sin llamar la atención del público. Pero durante meses tuve la misma sensación que tengo después de un casi accidente (o de uno real) cuando ando en bicicleta. Nuestros puntos ciegos son peligrosos precisamente porque no podemos verlos. En mi bicicleta, y en la vida, soy especialmente vulnerable a una caída cuando siento que estoy en la cima del mundo.

Las decepciones son inevitables, pero no tienen la última palabra, a menos que se los permitamos. Tampoco anulan el regalo inicial de la perspicacia motivadora que parece tan lejana cuando, en palabras de Brené Brown, "estamos boca abajo en la arena".[9] Aun así, toma tiempo recuperarse de la desorientación. Tenemos que ser sinceros con nosotros mismos y con los demás cuando cometemos un error o somos derrotados. Es una forma de vivir y liderar con un corazón indefenso, verdaderamente abierto a los demás, y con una columna vertebral lo bastante fuerte como para soportar la experiencia, aprender de ella y seguir adelante.

Hay dimensiones relacionales y sociales que contribuyen a la decepción tras una experiencia de valentía o claridad que tienen más que ver con las personas que nos rodean que con nosotros mismos. Mis maestros de procesos emocionales familiares en broma lo llamaban *venganza*, y gran parte de ella es simplemente el precio de estar en relación con los demás. Por ejemplo, cuando nuestros hijos eran pequeños llegué a esperar que me devolvieran el favor al ausentarme durante algún periodo; pero la casa era un desastre, los niños estaban de mal humor y a Paul no le interesaba mucho saber lo que me había pasado mientras se encargaba de las cosas de casa. Me sentía dolida, pero ellos eran quienes llevaban la peor parte de mi ausencia y yo tenía que permitir que sintieran sus emociones. Reconocía el mismo comportamiento en mí cada vez que Paul se iba a una larga expedición de observación de aves o recibía mayores responsabilidades en su trabajo que lo alejaban de nosotros.

La venganza no es una dinámica fácil de navegar, y varía en intensidad dependiendo de la madurez emocional de los implicados y del nivel de cambio requerido por la experiencia decisiva de una persona. La sensibilidad mutua en gran medida contribuye a aliviar la tensión de la reincorporación, al igual que las expresiones de gratitud por los sacrificios que han hecho los demás. Es útil escuchar su experiencia en el valle antes de describir la nuestra en la montaña.

Sin embargo, hay expresiones de venganza más dañinas, que cruzan la línea hacia el abuso emocional cuando entran en juego dinámicas de poder desiguales: un padre que le impide a un hijo perseguir su sueño que lo alejaría de la familia, un entrenador que frena a un deportista superdotado por su raza, compañeros que impiden o sabotean el progreso de otro por temor a quedarse atrás, un profesor que humilla sin explicación a un alumno prometedor delante de sus compañeros.

En mi primer empleo al salir del seminario, trabajé como sacerdote asistente en la Iglesia Episcopal de la Trinidad de Toledo, Ohio, junto a un sacerdote llamado Walter Sobol, que tenía fama, como me lo había advertido mi obispo, "de tener problemas para trabajar con mujeres". Yo no estaba segura de lo que eso significaba, pero estaba decidida a ser la excepción a esa regla. En su honor, Walter me contrató cuando estaba embarazada de nueve meses y me dio un puesto de considerable responsabilidad y libertad. Pero nunca se sintió cómodo con mi éxito y con el creciente afecto de la congregación hacia mí. Llegué a esperar humillaciones cada vez que lograba algo importante o que era elogiada en público. La venganza llegaba en forma de insulto a mi aspecto (o un elogio demasiado sexualizado); una dura crítica a un sermón o a algo que yo hubiera hecho; o, después de que él conociera mis vulnerabilidades, un comentario colocado cuidadosamente con la intención de ponerme nerviosa.

Como Walter también podía ser alentador y apoyar abiertamente mi ministerio, estas experiencias de venganza eran doblemente desconcertantes. Después de algún tiempo, volvía a su postura pública de afecto y alabanza. Cada vez que me armaba de valor para hablarle sobre algo hiriente que había dicho o hecho, fingía ignorancia o sugería que yo estaba exagerando. Era una locura. Pasé tres años dudando de mi percepción de lo que sucedía e intentando ser lo bastante buena para complacerlo, sin ser tan buena como para eclipsar su ego desmesurado.

Lo que quiero decir con esto es que lo que podemos experimentar como una decepción o un desquite —en mi caso, el estira y afloja que experimentaba cada vez que, sin darme cuenta, chocaba con mi jefe por mis logros— es tanto relacional como personal. Dar un paso al frente con valentía afecta la homeostasis de las relaciones y a las estructuras comunitarias de las cuales dependen. Incluso en nuestras relaciones más afectuosas, soportamos el costo de la alteración de las pautas que hemos llegado a esperar unos de otros. Los momentos decisivos también pueden desencadenar lo peor del comportamiento humano, cuando una persona, un grupo o incluso toda la sociedad, intenta socavar o impedir el progreso de los demás hacia la afirmación de la vida.

Contragolpe es el término sociológico para describir la reacción dura, a menudo violenta, contra los avances reales o percibidos en favor de unos derechos políticos y civiles más amplios y otras medidas de igualdad social. La palabra se volvió popular a principios de la década de 1960 para describir la feroz oposición de los blancos a los avances logrados por los negros estadounidenses durante el movimiento por los derechos civiles. Pero, como observa el historiador Lawrence Glickman, la reacción describe "uno de los patrones más antiguos y profundos de la política estadounidense, que significa una virulenta reacción contraria a todo tipo de movimientos sociales y transformaciones culturales".[10]

La recopilación de ensayos del periodista y escritor Ta-Nehisi Coates, *We Were Eight Years in Power: An American Tragedy* (Estuvimos ocho años en el poder: Una tragedia americana), es un estudio particularmente convincente de la reacción de los blancos, en el que traza inquietantes paralelismos entre la presidencia de dos mandatos de Barack Obama y la época de la Reconstrucción posterior a la Guerra Civil, ambos momentos históricos de ejemplar liderazgo negro que suscitaron una feroz oposición entre la población blanca. El título hace referencia a un discurso que Thomas Miller, congresista de Carolina del Sur, pronunció en 1885 en el que describía todo lo bueno que se había hecho durante los ocho años en que los políticos negros controlaron la legislatura durante la Reconstrucción. Suplicó a sus colegas blancos que no privaran de sus derechos a los ciudadanos negros, pero fue en vano. La discriminación racial se codificó en la nueva constitución estatal, al igual que en todo el Sur. Cuando las medidas legales fracasaron, dieron paso a medios más violentos para mantener el dominio blanco.[11] Más allá de hacer el caso obvio para interpretar la elección de Donald Trump a través de la lente de la reacción a los años de Obama, Coates traza el legado de la supremacía blanca desde la Guerra Civil en adelante y nuestra propensión como nación a, en momentos brillantes, "alcanzar la mejor parte de sí misma, solo para retroceder rápidamente a la peor parte de sí misma".[12]

Coates se describe a sí mismo como alguien a quien le gustaría creer en Dios, pero no puede, ya que aprendió de joven que ningún dios lo salvaría de la brutalidad de este mundo.[13] Pero ha encontrado un significado espiritual en su familia, su trabajo y sus antepasados, y en la narración de la historia de los negros que "no halaga a la democracia estadounidense, sino que la escarmienta".[14] Me atrae la obra de Coates por su brillantez poética y su narrativa histórica, pero también porque encuentra en el ateísmo el mismo llamado que yo escucho como cristiana a buscar la verdad, sin importar a dónde nos lleve y a vivir con la esperanza basada en las cosas tal como son. "No quiero perder nunca de vista lo corto que es mi tiempo aquí", escribe. "No quiero olvidar nunca que la resistencia debe ser su propia recompensa, ya que la resistencia, al menos dentro del tiempo de vida de quienes se resisten, casi siempre fracasa... Y si hay que demostrar que la tragedia está equivocada, si realmente hay esperanza ahí fuera, creo que solo puede manifestarse recordando el costo de que se demuestre que está en lo cierto".[15]

Vivimos con las repercusiones de la reacción social en muchos frentes, pero no nos podemos permitir caer en la desesperación. "Todos somos responsables", insiste mi colega el reverendo Eugene T. Sutton, obispo de la diócesis episcopal de Maryland, cuando la Iglesia episcopal aborda la cuestión de las reparaciones por nuestra complicidad en la esclavitud y la supremacía blanca. Al hacerlo, debemos aceptar el contragolpe en la ecuación de nuestro trabajo y perseverar. No elegimos dónde estamos en la historia humana, solo podemos elegir cómo vivimos en el tiempo que nos ha tocado vivir.

Existen paralelismos espirituales con las realidades de la decepción, la venganza y el contragolpe. En todas las tradiciones religiosas se da mucha importancia, y con razón, a las experiencias culminantes, esos momentos que nos dan perspectiva y visión de nuestra vida, cuando sentimos lo que solo podemos describir como la presencia palpable de Dios, o una sensación de lo sagrado, como sea que lo llamemos.

Para algunos, la vida consciente de fe comienza con un momento así, que con frecuencia es denominado experiencia de conversión. Puede ser un llamado de atención de proporciones épicas, en el que uno se siente amado incondicionalmente, rescatado del desastre, perdonado por los errores del pasado y capacitado para empezar de nuevo. Para otros, su conciencia espiritual tiene un comienzo mucho menos dramático, sin una experiencia definitoria, sino una sensación gradual de sentirse guiados o inspirados a vivir dentro de una determinada tradición religiosa o a abrirse al misterio de lo divino.

En cualquier caso, todos los llamados a una vida de fe dependen de esas experiencias espirituales y momentos de iluminación que le dan sentido y dirección a nuestra vida. Sin ellos, la fe se reduce a un conjunto de obligaciones que cumplir y reglas que seguir o, peor aún, a un marco teológico que solo refuerza nuestras propias opiniones e inclinaciones. Por eso, una práctica espiritual fundamental de todas las tradiciones consiste en programar periodos de retiro, peregrinación o unas buenas vacaciones, para dejar a un lado las preocupaciones cotidianas y abrirnos más plenamente a la presencia de Dios. Se nos anima a vernos a través de los ojos de Dios y a confiar en que estamos aquí en esta tierra para cumplir una vocación o un destino únicos. A veces, esa sensación de cercanía y amor de Dios es tan fuerte que por un tiempo perdemos todo sentido de duda, y sentimos una conexión permanente con el misterio sagrado, alegría por el don de nuestra vida y claridad sobre nuestro propósito de ser.

Sin embargo, gran parte de la vida espiritual —como la vida en general— no se vive en la montaña, sino en el valle, cuando la sensación de la presencia de Dios es mucho menos dramática, si es que la sentimos. Entonces el reto consiste en confiar en que cualquier visión o gracia que se nos haya concedido era real, incluso cuando su intensidad emocional se desvanezca, junto con nuestra confianza. Los primeros días después de un encuentro o una experiencia transformadora son especialmente discordantes, cuando parece que todo en nuestra vida está a punto de cambiar para mejor, y luego volvemos a estar donde nos encontrábamos antes de que ocurriera, sintiendo la presión homeostática de alinearnos.

Durante los últimos años, cada vez que siento la necesidad de hablar con alguien más avanzado que yo en el camino espiritual, he buscado el consejo de un sabio sacerdote jesuita, Bill Kelly. Él escucha las luchas de mi vida con empatía y amabilidad, y luego me ofrece fragmentos de sabiduría de la tradición del catolicismo romano conocida como espiritualidad ignaciana, llamada así por el fundador español de la orden jesuita, Ignacio de Loyola, en el siglo XVI. Una de las más útiles ha sido la comprensión de San Ignacio de la interacción entre lo que él llamaba experiencias de consolación y desolación espiritual.

Como las palabras implican, el consuelo espiritual nos llega en momentos de intensa alegría o belleza, sentimientos de bienestar y propósito vital, de amor o perdón. Todos son maravillosos en sí mismos, y también pueden ser el medio a través del cual experimentamos el amor de Dios. La desolación espiritual es lo opuesto: son esos momentos de desánimo, apatía, angustia y sufrimiento que no solo son difíciles de soportar, sino que también nos hacen cuestionar la validez de lo que creíamos que eran nuestras "experiencias espirituales" y la presencia, o la existencia misma, de Dios.

No cabe duda de que los momentos de consolación son los que hacen que valga la pena vivir la vida espiritual, y San Ignacio insistió en que están al alcance de todas las personas, no solo de quienes pertenecen a la clase sacerdotal o a otras élites espirituales. Como escribe el jesuita Timothy Gallagher en *The Discernment of Spirits: An Ignatian Guide for Everyday Living* (El discernimiento de los espíritus: Una guía ignaciana para la vida cotidiana): "La consolación no es un fenómeno místico remoto, más allá de la comprensión de unos cuantos, sino la forma en que Dios es encontrado *ordinariamente* por los seres humanos".[16]

Los tiempos de desolación son también universales y, desde la perspectiva de San Ignacio, requieren una comprensión y exploración más profundas de las que generalmente se ofrecen o discuten entre las personas de fe. La desolación no es tan solo pasar por un mal momento; es como si las luces espirituales de nuestra vida se apagaran por completo. En un momento de desolación, todo lo que antes nos daba confianza en el amor y la presencia de Dios se derrumba bajo nuestros pies o, de manera menos dramática, no sentimos nada en absoluto. Al igual que otras formas de decepción, la desolación nos hace dudar de la validez de nuestros momentos de consuelo que son edificantes e inspirados.

Los recursos de los cuales disponemos en la desolación son los que todos reconocemos: la empatía y la solidaridad de un buen amigo, el consuelo de la naturaleza, las pequeñas bendiciones de la vida diaria y las misericordias del sueño. En la tradición ignaciana, se nos desaconseja que durante la desolación tomemos decisiones que alteren nuestra vida. Por duro que sea, es tiempo, si es posible, de perseverar en pequeños actos de afirmación de la vida y de atender a nuestras almas con dulzura y gracia, o simplemente de aguantar, como podamos. San Ignacio nos animaría a aferrarnos al recuerdo de los tiempos de consolación y a hacer todo lo posible por vivir como si fueran verdad, aunque hayamos perdido la confianza en ellos.

Una idea clave de la espiritualidad ignaciana es que los sentimientos asociados *tanto* a la consolación como a la desolación son educativos, pero no son constantes, ni uno refleja la realidad más que el otro. Reconocer esto nos facilita que experimentemos nuestras emociones por lo que son, permitir que nos inunden y luego dejarlas ir. Nos dejamos impresionar menos por los sentimientos asociados a la consolación y nos dejamos llevar menos por los sentimientos de desolación cuando nos invaden. "La alteración continua de estos dos movimientos es un patrón normal de toda vida espiritual", escribe Gallagher.

> Ni la consolación espiritual ni la desolación espiritual duran para siempre; eventualmente, cada una le acabará dando paso a la otra.

> Después de haber experimentado la consolación espiritual, no debemos sorprendernos de que surja de nuevo la desolación espiritual; y cuando estemos en la desolación espiritual, debemos pensar con antelación en el inevitable retorno de la consolación espiritual, privando así a la desolación presente de gran parte de su poder.[17]

O las palabras del salmista: "El llanto puede durar toda la noche, pero la alegría llega con la mañana".[18]

En *Rising Strong* (Levantarse con fuerza), Brené Brown describe como "Día Dos" la inevitable decepción y desorientación que sigue a la energía espiritual y creativa que siente al principio de un proceso creativo. Cada vez que su equipo dirige un programa de formación intensiva de tres días para trabajadores sociales y otros profesionales, ella afirma: "No importa cuántas veces lo hayamos hecho y a cuántas personas hayamos certificado: el día dos de este modelo de tres días sigue siendo pésimo".[19] El día dos la gente está cansada, el camino a seguir no está claro y han perdido la confianza en la inspiración que sintieron al principio.

En cualquier proceso creativo, lo que el autor y empresario Scott Belsky acuñó como "el caos intermedio" es el tramo más duro. Estamos cansados y el camino no está nada claro. Hay caos por todas partes y tenemos la tentación de abandonar. Cuando Belsky se dispuso a escribir un libro dedicado a ese espacio intermedio, supuso que tendría mucho que compartir a partir de su propia experiencia de creación de una nueva empresa. "Pero no recordaba nada", confiesa. "No había perdido la memoria, simplemente todo estaba borroso".[20] Tuvo que volver sobre sus pasos revisando antiguos correos electrónicos y capturas de pantalla que hizo con su teléfono de los errores y pasos en falso que dio por el camino. Advierte que, a menos que dediquemos tiempo a honrar y comprender esos tropiezos y comienzos en falso, corremos el riesgo de celebrar los éxitos de otros sin apreciar lo que se omitió o pasó por alto en la historia de su vida. "¿Qué hay en el medio?", se pregunta. "Nada que merezca un titular y, sin embargo, todo lo importante":

> Una guerra contra la duda, una montaña rusa de éxitos y fracasos graduales, episodios de mundanidad y puro anonimato. El espacio intermedio rara vez se narra y todo se mezcla en un agotamiento borroso. Nos quedamos con versiones superficiales de la verdad, editadas para los egos y los titulares llamativos. El éxito se atribuye por error a los momentos que deseamos recordar y no a los que decidimos olvidar. Lo peor de todo es que, cuando todo el mundo a nuestro alrededor perpetúa el mito de una progresión directa de principio a fin, llegamos a esperar que nuestro viaje sea igual. Nos quedamos con la idea errónea de que un viaje exitoso es lógico. Pero nunca lo es.[21]

Un último ejemplo de decepción: como mencioné en el capítulo 3, durante diez años trabajé como directora de conferencias para el clero episcopal en una organización conocida como CREDO. El objetivo de cada reunión era que los participantes salieran de ella con una visión renovada y objetivos claros para sus ministerios. Nuestra tarea en el equipo de liderazgo era establecer las condiciones óptimas para que los participantes tuvieran experiencias cumbre y de valor duradero, que les permitieran a nuestros colegas cansados del mundo la oportunidad de descansar, hacer una evaluación y volver a soñar con audacia.

Los cinco primeros días fueron ricos en contenidos de profesionales de la salud, asesores financieros y vocacionales y directores espirituales. Los asistentes vinieron preparados para analizar con rigor, pero con cariño, su bienestar general, afirmar sus puntos fuertes e identificar sus puntos débiles, e imaginar el futuro que querían para sus vidas. Los tres últimos días fueron más bien un retiro, en el que se invitó a todos a profundizar en su interior y recordar las valientes aspiraciones que los inspiraron a seguir el ministerio ordenado. Al final, redactaron un documento, denominado Plan CREDO, en el que plasmaron todas sus ideas y lo que se sentían inspirados a hacer en el futuro.

Como parte del material de lectura obligatorio para la conferencia, le entregamos al clero un artículo sobre liderazgo de Jim Collins y Jerry Porras titulado "Building Your Company's Vision" ("Construir la visión de tu empresa"). Los autores describen la relación entre los valores fundamentales, el propósito y las competencias; el carácter duradero de la propia identidad; y el poder catalizador de un "objetivo grande, arriesgado y audaz", conocido como BHAG (por sus siglas en inglés).[22] Un BHAG, les expliqué, es un catalizador claro y convincente para el cambio que inicia un proceso creativo y un viaje marcado por el valor y la voluntad de asumir riesgos. La consecución de un BHAG requiere la colaboración de otros y al menos diez años de trabajo duro y sostenido. No hay garantías de éxito. Sin embargo, incluso el hecho de nombrar una visión de futuro de este tipo tuvo un efecto poderoso; lo vimos en las miradas de los participantes cuando dieron voz a lo que se les había dado. Pero luego todos nos iríamos a casa, a nuestras vidas reales, con todas sus tensiones y exigencias.

Después de eso, a veces me encontraba con participantes en reuniones eclesiásticas. Como si fueran casos prácticos de decepción, casi todos confesaban que se sentían decepcionados consigo mismos por no poder cumplir lo que se habían propuesto. Es más, yo sabía exactamente cómo se sentían, ya que viví la misma experiencia cuando asistí por primera vez a una conferencia de CREDO, meses antes de que mis propias esperanzas de liderazgo se desvanecieran.

Hice todo lo que pude para darles una palabra de aliento a los clérigos que conocí, y me compadecí con ellos por la dificultad de confiar en la validez de nuestros sueños cuando la realidad de la vida se impone. "No te rindas", les decía, tanto a mí misma como a ellos. "Lo que viviste y a lo que le diste voz cuando estuvimos juntos fue real. Atrévete a confiar en ello, incluso cuando ya no puedas sentirlo".

Me di cuenta de que necesitaba terminar nuestras conferencias con una conversación franca sobre la reincorporación y la inevitabilidad de la decepción, como algo a tener en cuenta incluso cuando todavía estamos en la cima de la montaña, mirando hacia nuestro futuro preferido. Convertí en una práctica personal volver a leer el final del artículo de Collins y Porras sobre la visión, donde afirman que el éxito en cualquier empresa, parafraseando la definición de genio de Einstein, es 1% de visión y 99% de *alineación*.[23]

El trabajo de alineación nunca es fácil, casi siempre es complicado y puede provocar resistencia en quienes nos rodean e incluso reacciones negativas en la sociedad en general. Con toda seguridad, habrá largos periodos en los que parece que no sucede gran cosa. Habrá momentos de desolación, en los que nos cuestionaremos todo lo que hemos vivido en nuestra proverbial montaña. Pero como nos enseñan Brené Brown, Scott Belsky e Ignacio de Loyola, el camino intermedio no es negociable. Es más, sin importar cuántas veces lo recorras, no se vuelve más fácil. "La experiencia y el éxito no te facilitan el camino", escribe Brown. "Solo te conceden un poco de gracia, una gracia que susurra: 'Esto forma parte del proceso. Mantén el rumbo... el camino intermedio es complicado, pero también es donde sucede la magia'".[24]

Mientras empacaba las cosas de mi escritorio en Minesota para preparar nuestra mudanza a Washington D. C., encontré mi propio plan CREDO, escrito trece años antes, al fondo de un cajón del escritorio. En ese entonces no podría haber imaginado cómo se desarrollaría mi vida, ni cómo entendería de una manera nueva lo que una vez creí sobre mi futuro y llegué a dudar. "Atrévete a creer que estás llamada al liderazgo", escribí en aquel entonces. En la desilusión que siguió, no solo sentí decepción, sino también vergüenza. ¿Cómo me atrevía a imaginar algo así? Con el tiempo, se presentó el camino de la preparación y el desarrollo de habilidades, y tuve que aprender una vez más a vivir y liderar en el carril lento. En el valle —cuando nos llega la desolación, un Día Dos, el caos del espacio intermedio, la venganza o la reacción social— es donde cultivamos, entre otras cosas, la virtud de la perseverancia.

CAPÍTULO 7

La virtud oculta de la perseverancia

> Y cuando encuentras lo esencial... ese es el
> único propósito lo bastante grande
> para una vida humana. No solo amar,
> sino persistir en el amor.
> SUE MONK KIDD[1]

Madeleine Korbel Albright fue secretaria de Estado de 1997 a 2001, la primera mujer que ocupó ese cargo. Incluso un somero resumen de los logros profesionales de Albright podría llenar páginas, pero ella comienza sus memorias *Madam Secretary: A Memoir* (Memorias de una señora secretaria) reconociendo lo inverosímil de su carrera. Una inmigrante de Checoslovaquia, madre de tres hijos, que tenía casi cuarenta años antes de ocupar su primer cargo en el gobierno. "Bien entrada en la edad adulta, se suponía que nunca llegaría a ser lo que llegué a ser", escribe. "Pero si empecé tarde, también me apresuré a ponerme al día".[2]

Y lo hizo, sobre la base de una educación muy adecuada para la diplomacia internacional. Era la hija mayor de un diplomático que se vio obligado a abandonar Checoslovaquia con su familia dos veces, primero a Inglaterra cuando los nazis invadieron el país en 1939, y de nuevo a Estados Unidos en 1948, cuando los comunistas alineados con la Unión Soviética tomaron el control de esa nación. Cuando era adolescente, Albright hablaba con fluidez checo, francés e inglés. Cuando estudiaba en el Wellesley College, aspiraba a ser periodista. Durante los años dedicados a la carrera de su marido y a criar a sus hijos, estudió ruso y comenzó un doctorado.

Paralelamente a sus estudios, realizó el tipo de trabajo voluntario que se espera de las mujeres en Washington D. C.: recaudación de fondos, participación en juntas directivas, voluntariado en colegios electorales y recibir a invitados internacionales. Al mismo tiempo, disfrutaba con las tareas cotidianas de la maternidad, desde coser disfraces hasta hacer ronda con el coche y ayudar a sus hijas a vender galletas de las Girl Scouts. Aunque en retrospectiva parezca que siempre tuvo la vista puesta en los más altos niveles de la diplomacia y la política, su experiencia fue diferente. "Mi vida parecía un rompecabezas", reconoce, "solo que yo trabajaba con varias piezas de varios rompecabezas a la vez y no había una imagen acabada que me dijera cómo debía terminar todo".[3]

Albright murió el miércoles 23 de marzo de 2022 y, al prepararme para oficiar su funeral en la Catedral Nacional de Washington, pasé varias semanas leyendo sus memorias. Fue como asistir a una clase magistral sobre la vida y el liderazgo. En el funeral, el presidente Joseph R. Biden y el expresidente Bill Clinton hablaron de su carrera en términos superlativos. La exsecretaria de Estado Hillary Clinton contó anécdotas de su brillantez, ingenio y estilo. Sus tres hijas dieron testimonio de su amor feroz. Las memorias de Albright abordan todos estos elementos de su vida, pero lo que más me impresionó fue su perseverancia. No minimizaba sus luchas; era consciente tanto de sus puntos fuertes como de sus puntos débiles, y admitía de inmediato sus errores. "Las vidas son necesariamente desordenadas y desiguales", escribe. "Sin embargo, es importante tener una estrella que nos guíe. Para mí, esa estrella siempre ha sido la fe en la promesa democrática de que cada persona debe poder llegar tan lejos como se lo permitan sus talentos".[4]

Trabajó duro para convertirse, como la senadora Barbara Mikulski la describió en 1992, en un "éxito de la noche a la mañana durante veinticinco años".[5] Como sucede con todos aquellos cuyas vidas admiramos, gran parte de ese trabajo quedó oculto a la vista: levantarse a las 4:30 cada mañana para avanzar en su tesis, trabajar por semanas tras bambalinas antes de un acto, dominar nuevos idiomas y las complejidades de la política mundial, y levantarse después de cometer un error costoso, perder una batalla política o, lo más devastador, cuando su marido le pidió el divorcio.

En otras memorias, *Prague Winter: A Personal Story of Remembrance and War, 1937-1948* (Invierno en Praga: Una historia personal de recuerdo y guerra, 1937-1948), Albright explora la herencia judía que sus padres le ocultaron y los acontecimientos cataclísmicos de su infancia, incluyendo la muerte de tres de sus abuelos en campos de concentración nazis. No duda en describir estas experiencias de crueldad, traición y terribles decisiones tomadas en medio de la desesperación, pero también declara: "No son lo que me llevaré conmigo cuando pase al siguiente capítulo de mi vida. En el mundo en el que elijo vivir, incluso el invierno más frío debe ceder el paso a los agentes de la primavera, y la visión más oscura de la naturaleza humana debe terminar por encontrar espacio para los rayos de luz".[6] Concluye con una oda a la perseverancia:

> Llevo toda la vida buscando remedios para todo tipo de problemas de la vida: personales, sociales, políticos, mundiales. Creo que

> podemos reconocer la verdad cuando la vemos, pero no a la primera ni sin cejar en nuestro esfuerzo por saber más. Esto se debe a que el objetivo que vemos, y el bien que esperamos, no llega como una recompensa final, sino como el compañero oculto de nuestra búsqueda. No es lo que encontramos, sino la razón por la que no podemos dejar de buscar y esforzarnos la que nos dice por qué estamos aquí.[7]

La perseverancia es la virtud oculta de toda vida valiente. Rara vez vemos lo que les cuesta a otros hacer lo que a nosotros nos parece que no les implica ningún esfuerzo. Tampoco sabemos lo que les costó seguir adelante cuando estaban cansados o desanimados, o empezar de nuevo tras un fracaso o una decepción. Donde sea que nos encontremos en relación con los momentos decisivos que marcaron la trayectoria de nuestra vida, la perseverancia es lo que nos permite seguir adelante, incluso cuando tropezamos en la oscuridad.

Algunas personas tienen un don natural para la perseverancia. Yo sé con certeza que no lo poseo porque he tenido que aprenderlo. De niña, observaba a mis compañeros hacer lo que parecía que les resultaba fácil, y cuando yo no podía hacer lo mismo dejaba de intentarlo. Tenía aptitudes modestas para la música y los deportes, pero nunca destaqué en nada porque no sabía cómo practicar y fracasar, una y otra vez, hasta cruzar el umbral hacia un nuevo nivel de competencia. De alguna manera, logré pasar la preparatoria y entrar a una universidad decente huyendo de todas las disciplinas académicas que me intimidaban. En la universidad, entré en pánico porque había muchas cosas que no sabía hacer. Por primera vez en mi vida, me esforcé por seguir el ritmo de mis compañeros más adelantados, mi primer intento de perseverancia. Pero como tenía una base académica tan pobre, trabajaba muchas horas y tenía poco que mostrar por mis esfuerzos. Me tardaba un semestre entero en escribir un trabajo de diez páginas.

Se podría decir que terminé la universidad solo con perseverancia, si se define la perseverancia simplemente como esfuerzo, la cual ahora sé que es una definición demasiado estrecha. Hasta que comencé mis estudios de posgrado en el seminario aprendí los rudimentos de la escritura. En mi primer año, Linda Kaufman, una compañera de clase que se convertiría en una amiga para toda la vida, se sentó conmigo y me enseñó las habilidades que más tarde vi dominar a mis propios hijos en segundo de secundaria. Linda fue la primera persona que me explicó cómo abordar un conjunto de información, organizar mis pensamientos, escribir un primer borrador y seguir revisándolo. Con su ayuda, escribí cuatro trabajos de diez páginas en un semestre. Sentí que fue un milagro.

Sin embargo, la suerte estaba echada por mi educación académica tan azarosa. Al día de hoy, todavía tengo lagunas considerables en mi base de conocimientos y puntos débiles en mi forma de realizar una tarea, académica o de otro tipo. He aprendido a perseverar con intención, pero sobre todo me sigo apoyando en el lado intuitivo de mi cerebro en el que he confiado toda mi vida. Es un proceso desordenado y lleva mucho más tiempo del que sugieren los resultados finales, pero a diferencia de mi infancia y adolescencia, ahora sé perseverar cuando las cosas son difíciles.

Mis lecciones formativas sobre la perseverancia en el liderazgo llegaron con el llamado para servir como rectora de St. John's en Mineápolis. A mis treinta y tres años, yo no podía creer mi buena suerte, no solo porque necesitaba irme de la iglesia en Toledo sino, más sorprendente aún, porque St. John's era la iglesia de mis sueños, una comunidad llena de energía, alegría y pasión por la justicia. El cambio a Mineápolis fue un salto de fe para nuestra familia, en especial para

Paul, quien tuvo que dejar un trabajo de profesor que le encantaba. "Las iglesias como St. John's no aparecen todos los días", dijo, al dejar su carrera por la mía. "Tienes que aceptar".

Entonces, la iglesia de mis sueños se convirtió en la lucha de mis horas de vigilia. Sí, los miembros eran valientes, tenían fuerza de voluntad y estaban orgullosos de su orientación hacia el exterior y de haber pasado de estar a punto de cerrar a convertirse en una congregación de destino para adultos jóvenes y familias con hijos. Pero pronto nos dimos cuenta de que la infraestructura de la que dependía la vida de la comunidad era mucho más frágil de lo que se pensaba. Las iniciativas de las que St. John's más se enorgullecía eran sostenidas por un puñado de personas. Había conflictos entre los dirigentes de los que nadie quería hablar, y un cambio generacional a punto de suceder, pero con una generación clave ausente debido al drástico cambio de dirección que la iglesia tomó veinte años antes. El edificio estaba en mal estado, sobre todo en las zonas dedicadas a la educación de los niños, y el órgano en el que la congregación gastó mucho en comprar unos años antes estaba en las últimas. Se avecinaban otros grandes problemas de mantenimiento y el presupuesto anual era ajustado.

Así pues, mi liderazgo no se definiría por el ministerio audaz y profético que yo había imaginado, sino más bien por la tarea en gran medida invisible de atender a una institución pequeña y en dificultades. La congregación tampoco me respondió como yo esperaba. Estaban orgullosos de su decisión de llamar sacerdote a una mujer con dos hijos pequeños, pero pocas autoridades estaban dispuestas a permitir que yo dirigiera. La mayoría de mis primeras sugerencias fueron ignoradas.

En esos años tuve algunos momentos decisivos en St. John's, pero fueron raros. La mayoría de las veces se trataba de un esfuerzo lento y constante por generar confianza, establecer un tono acogedor en el culto, arreglar un techo con goteras, reclutar voluntarios, hacer todo lo posible por inspirar cada semana desde el púlpito, cometer errores, aprender de ellos y volver a empezar. Al principio, tuve que esforzarme mucho por mantener la calma y la concentración cuando las cosas no salían como yo esperaba. Además, Paul tenía dificultades para encontrar un trabajo estable. Mientras veía cómo él se esforzaba, me preocupaba que el precio que yo le pedía que pagara por mis sueños fuera demasiado alto. Lo único que me hizo seguir adelante en los muchos días en que me sentí abrumada fue lo mucho que me sentía llamada al trabajo y la firme convicción de Paul de que las cosas saldrían bien.

Solo llevaba allí cuatro meses cuando terminamos de reunir los compromisos financieros necesarios para realizar el presupuesto de la iglesia para el año siguiente. La respuesta de la congregación a nuestras peticiones de apoyo fue tibia y estábamos muy lejos de los recursos necesarios para hacer frente a los gastos, incluyendo mi salario. Si se trataba de un referéndum sobre mi liderazgo, estaba fracasando.

Intenté que no me abrumara el pánico y me puse en contacto con un miembro del personal del obispo, Howard Anderson, que se encargaba de las iniciativas de recaudación de fondos. "Reúne todos tus documentos y ven a mi despacho", me dijo, y durante varias horas nos sentamos y me ayudó a elaborar una estrategia personalizada para cada hogar de la congregación cuyo compromiso todavía no recibíamos. Howard me enseñó que recaudar dinero sería esencial para que la congregación prosperara, por muy incómodo que fuera pedirlo. "El dinero provoca todo tipo de ansiedad", me tranquilizó. "No tomes personal que la gente no responda a las peticiones económicas. Hablar de dinero y recaudarlo forma parte de tu trabajo. Si lo haces con constancia, transparencia, responsabilidad y una visión del ministerio, te irá bien".

En este y otros momentos similares, aprendí que la perseverancia en el liderazgo implicaba arremangarme y hacer lo que no quería hacer. Cada año, seguía temiendo la campaña de compromiso financiero, pero me esforzaba al máximo con el fin de obtener los recursos necesarios para hacer bien nuestro ministerio. Cuando tuvimos que recaudar fondos importantes para renovar el edificio centenario, las campañas de capital fueron todavía más duras.

Al igual que en el mundo académico, la perseverancia en el liderazgo no es simplemente una cuestión de esforzarse; hay disciplinas, marcos teóricos y conjuntos de material que dominar. Ya tenía cierta idea de esto antes de dejar Toledo. Cuando me enfrenté a los comentarios inapropiados y a veces malintencionados de mi antiguo jefe en esos años, me di cuenta de cómo su humor cáustico y su comportamiento errático repercutían en toda la congregación, incluso entre quienes no se habían visto afectados por sus actos más atroces. Me di cuenta de que el daño general a la comunidad era peor que su comportamiento hacia mí, ya que la comunidad era rehén de su pobre liderazgo y, como una familia con un padre alcohólico, tenía un control desmesurado sobre su bienestar emocional.

Por sugerencia de un amigo, leí un libro sobre liderazgo congregacional del rabino Edwin Friedman titulado *Generation to Generation: Family Process in Church and Synagogue* (De generación en generación: El proceso familiar en la iglesia y la sinagoga). Fue revelador. En el segundo capítulo encontré un pasaje en el que describe los efectos adversos del secretismo y que me dejó sin aliento:

> Los secretos familiares actúan como la placa en las arterias de la comunicación... Generan distanciamientos innecesarios y falsos

> compañerismos. Los secretos distorsionan las percepciones; los miembros se sienten confundidos o engañados por la información que obtienen porque solo ven una parte del cuadro. El efecto más importante de los secretos es que exacerban otros problemas no relacionados con el contenido del secreto, porque funcionan para mantener la ansiedad a niveles elevados.[8]

Friedman estaba describiendo la Iglesia de la Trinidad. Yo no sabía cuáles eran nuestros secretos, pero había pruebas de ellos por todas partes. También sabía que necesitaba ayuda. Me armé de valor y llamé a Friedman para preguntarle si podía participar en uno de sus seminarios para clérigos. No se mostró receptivo pues ya se habían formado grupos, y me sugirió que lo solicitara para el año siguiente. Insistí más: "¿Hay alguna forma de que pueda empezar antes?". Se quedó callado un momento y luego preguntó, sonando ligeramente irritado: "¿Ya leíste mi libro?". "Lo estoy leyendo ahora", respondí. "¿Lo entiendes?". "Sí", mentí. Un mes después, estaba viajando a Bethesda en una travesía que realizaría dos veces al año durante la siguiente década.

El rabino Friedman me enseñó, junto con toda una generación de clérigos, un marco teórico que ofrecía la posibilidad de construir un líder sano, fructífero e integrado. Afirmaba que no se trataba tan solo de una forma atractiva de vivir, sino que era esencial para la salud de toda nuestra comunidad, porque una organización solo puede alcanzar la salud y la madurez de las personas que la dirigen. Mantener una vida así requiere un trabajo continuo de autodefinición y autorregulación en el contexto de las relaciones en tres ámbitos: tu familia de origen, tu familia inmediata y la dinámica de las congregaciones a las que sirves. No solo eso, sino que los tres están relacionados, de manera que los problemas no resueltos en un ámbito pueden producir síntomas en otro. Esa conciencia me bastó para mantenerme en relación con mi padre y mis dos madrastras cuando lo más fácil habría sido distanciarme, y para trabajar con Paul en las tareas cotidianas de criar bien a los hijos, que no entraban en conflicto con mi trabajo sino que eran parte integrante de él.

Con respecto a mi difícil situación como ayudante de Walter Sobol, Friedman fue tajante: "Sal de ahí en cuanto puedas", me dijo. "No hay nada que puedas hacer en tu puesto, excepto interponerte en lo que debe ocurrir entre la congregación y su líder". No quería creerle, pero pronto se volvió evidente que tenía razón. En cuanto anuncié que dejaba la Iglesia de la Trinidad, los líderes laicos tomaron cartas en el asunto.

En Mineápolis, hice todo lo posible por vivir y dirigir según los principios que enseñaba Friedman. Él y los miembros de su facultad me animaron a crear un repertorio de habilidades especializadas, para que, por ejemplo, pudiera enfrentar los conflictos directa o indirectamente, según la situación. Me animaron a dirigir con transparencia, reconociendo lo que no sabía sin fingir nunca debilidad para que los demás se sintieran más poderosos. Me dieron herramientas prácticas para disminuir la ansiedad, enfrentar la resistencia y aprender de quienes no estaban de acuerdo conmigo. En estos empeños fracasé tantas veces como triunfé, pero tanto en el fracaso como en el éxito aprendí a perseverar.

Friedman también creía que una característica esencial del liderazgo es tener espíritu de aventura. El lugar más seguro para los barcos es el puerto, decía, pero los barcos no son para eso. La persistencia es igualmente crítica. Le gustaba recordarnos que nadie ha contribuido de forma significativa a la evolución de nuestra especie trabajando cuarenta horas semanales. Otra característica es la resiliencia. Nos recordaba con una sonrisa que, como dice el refrán, ninguna buena acción queda impune.[9]

Cuando en 1996 recibí la noticia de la muerte prematura de Friedman, lloré en los brazos de Paul. ¿Cómo seguiría sin él como contrapeso en mi vida? Poco después, sin embargo, tuve una sensación que solo puedo describir como una bendición, como si el espíritu de Friedman me asegurara que, si mantenía la postura de estudiante de liderazgo, me iría bien.

En un libro publicado póstumamente, *A Failure of Nerve: Leadership in the Age of the Quick Fix* (Un fallo nervioso: Liderazgo en la era de las decisiones rápidas), Friedman escribe:

> Un líder es alguien que tiene claros sus propios objetivos vitales y, por lo tanto, tiene menos probabilidades de perderse en el ansioso proceso emocional que da vueltas a su alrededor. Un líder es alguien que puede estar separado sin dejar de estar conectado y, por lo tanto, puede mantener una presencia modificadora, no ansiosa y, a veces, desafiante. Un líder puede gestionar su reactividad frente a la reactividad automática de los demás y, por lo tanto, ser capaz de adoptar una postura a riesgo de desagradar a los demás. No es que algunos líderes puedan hacerlo y otros no. Para nadie es algo fácil, y la mayoría de los líderes, según he aprendido, pueden mejorar su capacidad.[10]

Friedman siempre dijo que las dotes de liderazgo son benéficas para todos, desde los padres hasta los presidentes, porque nos permiten navegar bien por los ámbitos de autoridad que se nos confían y crear entornos en los que otros puedan prosperar. Estos son los cimientos de las relaciones sólidas y de una sociedad democrática. Mejorar nuestra capacidad de liderazgo, donde sea que nos encontremos, es una búsqueda permanente. Con el corazón y la mente abiertos, podemos aprender de cualquiera, y todos a nuestro alrededor se benefician cuando abrazamos el liderazgo que nos corresponde.

Continué mis estudios con el profesorado de Friedman durante unos años más, hasta que me di cuenta de que necesitaba complementar lo que me habían enseñado con otras habilidades de liderazgo. Estaba involucrada con un grupo de líderes de la diócesis de Minesota que querían abordar el rápido descenso de miembros y de participación en todas nuestras congregaciones. Juntos empezamos a estudiar los modelos de liderazgo de las iglesias evangélicas de Minesota y de todo el país, que crecían con rapidez. Asistí a seminarios dirigidos por líderes cristianos evangélicos destacados, y de ellos aprendí estrategias convincentes que pude aplicar en mi propia iglesia. Recibí una cálida bienvenida por parte de quienes yo suponía, por nuestras posiciones opuestas en la guerra cultural, que no tendrían más que desdén por una líder de una pequeña iglesia confesional de línea principal. Sus enseñanzas me llevaron a otras fuentes, tanto religiosas como seculares, y a un curso de estudio sobre liderazgo congregacional que en 2008 culminó con mi título de Doctora en Ministerio.

Un marco teórico en particular ha contribuido en gran medida a mi comprensión de cómo liderar una comunidad a través del cambio sistémico, que es la prueba definitiva de la perseverancia. En sociología, la teoría se llama "difusión de innovaciones", tomada del título de un libro pionero publicado originalmente en 1961 por Everett M. Rogers. La teoría de la difusión de innovaciones ayuda a explicar cómo, por qué y con qué rapidez grandes grupos de personas llegan a aceptar nuevas ideas. Ofrece una estrategia para el compromiso y un medio para superar la resistencia humana natural al cambio.

Rogers estudió la difusión de innovaciones en múltiples campos, como la introducción de semillas híbridas de maíz entre los agricultores de Iowa, las prácticas básicas de higiene en las aldeas rurales de Perú, el uso del cinturón de seguridad en los automóviles y la aprobación de leyes antitabaco en Estados Unidos. Llegó a comprender la difusión como un proceso complejo en el que una innovación se comunica a lo largo del tiempo entre los miembros de un grupo u organización y esos miembros la adoptan gradualmente por etapas.[11] "La decisión de un individuo no es un acto instantáneo", escribe. "Más bien es un proceso que sucede a lo largo del tiempo y consiste en múltiples acciones diferentes".[12] Rogers describe los pasos necesarios para la toma de decisiones y la adopción del cambio, que comienzan cuando un individuo o grupo conoce una idea por primera vez y concluyen con su aceptación generalizada. Aunque en abstracto es algo sencillo, el proceso rara vez es fluido y al principio se resiste con ferocidad. Sin embargo, más tarde, cuando la innovación se convierte en la norma, la amnesia colectiva se instala en la resistencia inicial, sobre todo entre quienes lucharon duro para evitar su adopción. El resultado nunca es seguro, pero cuando se produce un cambio sistémico es porque se han dado todos los pasos del proceso de cambio.[13]

Rogers describe las formas en que las distintas personas se relacionan con una innovación, según sus relaciones dentro del sistema social y su nivel de comodidad personal con el cambio propuesto. Entre ellas figuran las siguientes:

1. *Los Innovadores*, que aman la innovación y el cambio. Desempeñan un papel esencial en el lanzamiento de la nueva idea en el sistema.

2. *Los adoptadores iniciales*, que están más integrados en el sistema local que los innovadores, y tienen la capacidad de influir en las opiniones de los demás. Son respetados por sus iguales y alivian la incertidumbre comunitaria sobre una nueva idea cuando la adoptan.

3. *La mayoría temprana*, que asimila una nueva idea solo después de los adoptadores iniciales. Su posición entre los primeros y los últimos en adoptarla los convierte en un eslabón importante del proceso.

4. *La mayoría tardía*, que adopta las nuevas ideas a regañadientes, abordando todas las innovaciones con escepticismo. Se dejan influenciar sobre todo por la presión de grupo y el impulso.

5. *Los rezagados*, que son los últimos en llegar, si es que llegan. Su resistencia es fuerte y la expresan con fuerza, pero al final no tienen la capacidad de influir en los demás para rechazar el cambio. Algunos rezagados deciden abandonar la comunidad o el grupo antes que adaptarse a la nueva realidad.

La práctica fructífera del liderazgo requiere una evaluación precisa de dónde se encuentran las personas a lo largo de este continuo e incluye esfuerzos para crear impulso poco a poco a través de las relaciones y la confianza, ya que cada categoría desempeña un papel clave en el proceso de difusión. Por supuesto, los innovadores son cruciales, pero sin el apoyo de las personas influyentes clave, su visión no se arraigará. De hecho, los innovadores suelen irse cuando sus ideas no se adoptan con la suficiente rapidez porque su mayor compromiso es con su visión, no con el grupo. La labor de las personas influyentes clave es poner a prueba juiciosamente lo que proponen los innovadores porque solo cuando lo consideren digno de confianza convencerán a los demás para que se unan a ellos en la aceptación.[14]

Cuando la mayoría temprana apoya, el impulso cambia en favor de la innovación. Con su éxito de ventas *The Tipping Point: How Little Things Can Make a Big Difference* (*El punto clave*), el autor Malcolm Gladwell introdujo en la cultura popular las ideas de umbral y masa crítica.[15] Conforme se acerca un punto de inflexión, solo unas cuantas personas más de repente pueden marcar una enorme diferencia, y el ritmo de adopción aumenta con rapidez.[16] El autor empresarial Jim Collins describe el mismo fenómeno en *Good to Great: Why Some Companies Make the Leap... and Others Don't*, en una sección titulada "Buildup and Breakthrough" ("Incremento y revelación").[17] En un momento aparentemente mágico, el trabajo duro y constante para producir un resultado deseado cruza un umbral, y el mismo esfuerzo que produjo poco ahora genera resultados fantásticos.

Cruzar el umbral del cambio tiene también una dimensión mística y espiritual que, para los líderes de la fe como yo, se siente como el poder del Espíritu Santo. Porque cuando llegamos a lo que el apóstol Pablo llamaba el "tiempo aceptable",[18] o lo que los filósofos griegos denominaban *kairos*, o "tiempo oportuno", las cosas suceden con facilidad e ímpetu y, en retrospectiva, parecen inevitables. Sin embargo, esos momentos se construyen sobre otros momentos incontables de trabajo invisible.

Aprender la teoría de la difusión de la innovación fue una validación de mi incipiente experiencia y también un cambio de juego para mi liderazgo. Tiene mucho sentido y brinda una hoja de ruta para guiar a una comunidad a través del proceso de cambio, ya sea una pequeña congregación que pone en marcha una campaña de recaudación de capital, la diócesis de Washington que desarrolla un proceso de planeación estratégica para reconciliarse con su pasado racista o la sociedad en general, que se enfrenta a realidades abrumadoras como la violencia armada y el cambio climático. No basta con tener la razón, ni siquiera con seguir haciendo lo mismo una y otra vez y esperar que las cosas se transformen. Como suele decirse, la esperanza no es una estrategia. El liderazgo requiere el trabajo lento y constante de construir poder a través de las relaciones y posicionarnos para ser más eficaces cuando lleguen los momentos decisivos. Como escribió Rogers en la frase inicial de su libro: "Conseguir que se adopte una nueva idea, aunque tenga ventajas obvias, es difícil".[19]

La perseverancia tiene también un componente de corazón, que Jesús destacó cuando les enseñó a sus discípulos a rezar. Lo hizo contando historias, como la de un hombre que no dejaba de golpear la puerta de la casa de un amigo en medio de la noche pidiendo pan, y la de una viuda que acosaba sin cesar a un juez para que le hiciera la justicia que merecía. Estos personajes no eran santos, como si eso subrayara el hecho de que no hay nada visiblemente admirable en la perseverancia; solo muestran osadía y un esfuerzo tenaz. Según el Evangelio de Lucas, Jesús contó estas parábolas para animar a sus discípulos a rezar continuamente y a no *perder la esperanza*.[20] Él sabía que la vida puede ser dura y que las decepciones son reales. Como los primeros discípulos de Jesús, es inevitable que nos sintamos desanimados, y la perseverancia es lo que nos permite seguir adelante hasta que volvemos a encontrar nuestro equilibrio, para que podamos conectar con la energía de nuestro corazón y sacar fuerzas de él, incluso cuando nuestros esfuerzos no generen grandes resultados.

Sin embargo, el simple hecho de esforzarnos no nos sirve de nada en la oración, y tampoco en el resto de nuestra vida, si no va acompañado de un compromiso de atención plena y de la voluntad de aprender algunas habilidades básicas. Sin ellas, la perseverancia en la oración puede desbocarse y llevarnos por el camino del pensamiento mágico y la confusión de nuestros deseos con los de Dios. En palabras del difunto capellán de Harvard Peter Gomes, caemos presas "de una versión falsa y farsante de la fe cristiana que sugiere que por nuestra fe o nuestras oraciones nos libraremos de las cargas de la vida".[21] Así pues, la perseverancia en la oración no solo consiste en hacerlo más, sino en permitir que nuestros corazones crezcan con las pruebas y las luchas de la vida, para que aumente nuestra capacidad de amar y perdonar, así como lo que estamos dispuestos a soportar por amor.

En un sermón que Gomes predicó en Harvard titulado "Outer Turmoil, Inner Strenght" ("Turbulencia exterior, fuerza interior"), narró la historia de Ernest Gordon, que durante muchos años fue capellán de la Universidad de Princeton y, más famosamente, autor de unas memorias sobre su cautiverio de tres años en un campo japonés de prisioneros que fueron llevadas al cine en dos películas, *The Bridge on the River Kwai* (*El puente sobre el río Kwai*) y *To End All Wars* (*Para acabar con todas las guerras*). Gomes relata cómo Gordon y sus compañeros de cautiverio al principio eran muy religiosos: "Leían la Biblia, rezaban, cantaban himnos, daban testimonio de su fe y esperaban que Dios los recompensara y los fortaleciera por su fe liberándolos o, al menos, mitigando su cautiverio".[22] Su sufrimiento se prolongó interminablemente, murieron muchos más y Dios no los liberó como le habían pedido. Los hombres se sintieron comprensiblemente desilusionados y enojados. Abandonaron todas sus muestras externas de piedad y ya no esperaban que Dios los salvara.

Pero algo más cambió para algunos de ellos cuando respondieron a las necesidades de sus compañeros de prisión, cuando los cuidaron y protegieron y fueron testigos de cómo otros sacrificaban sus vidas por amor. En silencio, empezaron a hablar de la presencia de Dios entre ellos. "No se trataba de un renacimiento de la religión en el sentido convencional", observó Gomes, "sino más bien del descubrimiento de que la fe no era lo que uno creía, sino lo que hacías por los demás cuando parecía que no podías hacer nada en absoluto".[23] La fe volvió a ellos como resultado de su compasión y, a medida que se apoyaban en la fe de que Dios estaba con ellos en el sufrimiento, crecía su capacidad de compasión.

Me pregunto si Dios necesita que perseveremos en la oración simplemente porque la mayoría de las cosas por las cuales rezamos tardarán mucho tiempo en hacerse realidad. Rezamos por nuestra sanación y la de nuestros seres queridos, sabiendo que en la mayoría de los casos el proceso es lento. Rezamos por la paz en nuestras familias o en la familia humana, y sabemos que la paz no se alcanza fácilmente y que con frecuencia tiene un precio terriblemente alto. Rezamos por la justicia, sabiendo que siempre cuesta mucho ganarla y que toma generaciones alcanzarla.

El teólogo estadounidense Reinhold Niebuhr fue quien escribió las palabras que hoy conocemos como la oración de la serenidad: "Dios, concédeme la serenidad para aceptar las cosas que no puedo cambiar, valor para cambiar las cosas que puedo, y la sabiduría para reconocer la diferencia". El propio Niebuhr fue un hombre extraordinariamente perseverante. Su generación de clérigos comenzó su ministerio en los turbulentos años veinte, luchando por los derechos de los trabajadores en una época de avaricia generalizada y desprecio por los pobres. Vivió la Gran Depresión y se pronunció contra la complacencia mundial ante la llegada de Hitler al poder. Siguió escribiendo, enseñando y predicando hasta la década de 1960, cuando una serie de derrames cerebrales lo debilitaron. Podría decirse que fue uno de los teólogos más influyentes de mediados del siglo XX, aunque vivió lo suficiente como para ver que su influencia disminuía.

Su hija, Elisabeth Sifton, en un libro en honor a su padre y a sus compañeros, escribe: "Tenían un gran espíritu y un corazón serio y entregado. Trabajaban muy duro. Eran muy cariñosos. Y sus esfuerzos se basaron, al final, en el humilde reconocimiento de que no está en nuestras manos comprender el resultado final".[24] Ella concluye con mi cita favorita de Niebuhr, que es un llamado a la perseverancia:

> Nada que valga la pena puede lograrse en toda una vida; por lo tanto, debemos salvarnos por la esperanza. Nada de lo que es verdadero, bello o bueno tiene sentido en el contexto inmediato de la historia; por eso debemos salvarnos por la fe. Nada de lo que hagamos, por virtuoso que sea, puede lograrse por sí solo; por eso nos salva el amor.[25]

A nivel intelectual, quizá sepamos que nuestros momentos más decisivos vienen precedidos de innumerables pequeñas decisiones, invisibles para los demás. Sin embargo, es fácil perder de vista esa verdad mientras nos esforzamos en esos tramos de preparación, ensayo y error, desarrollo de habilidades y formación del carácter. La perseverancia es lo que nos mantiene en pie en los días sin drama.

En su último libro antes de su muerte prematura, la escritora cristiana Rachel Held Evans argumentaba contra la tendencia de la teología cristiana a centrarse en la muerte sacrificial de Jesús como si fuera el único propósito de la vida, reduciendo el Evangelio a una transacción por los pecados del mundo:

> Jesús no solo "vino a morir". Jesús vino a vivir: a enseñar, a curar, a contar historias, a volcar las mesas, a tocar a gente que no debía ser tocada y a comer con gente con la que no debía comer. A partir el pan, a derramar el vino, a lavar los pies, a enfrentarse a la tentación, a burlar a las autoridades, a cumplir las Escrituras, a anunciar el comienzo de un reino nuevo, a mostrarnos cómo es ese reino, a mostrarnos cómo es Dios, a amar a sus enemigos hasta morir a manos de ellos, y a vencer a la muerte al resucitar de la tumba.[26]

Jesús cargó con su cruz a diario, y nosotros también debemos hacerlo. Nuestros actos diarios de fidelidad y perseverancia forman parte de un arco más amplio de valentía y resistencia en el que actúan el poder y la gracia de Dios. Las historias que contamos y los momentos que recordamos pueden referirse a los momentos decisivos, pero lo más importante es cómo esos momentos dan cuenta de la vida de cada hora.

Concluyo con una última historia de Rachel Naomi Remen. Cuando tenía cinco años, ella vivía con sus padres en un pequeño departamento de Nueva York. Su abuelo la visitaba frecuentemente con regalos.

Un día le llevó un vasito de papel. Ella miró dentro con la esperanza de encontrar algo dulce que comer, pero el vaso solo tenía tierra. Su abuelo sonrió ante su cara de decepción, la llevó a la cocina y puso el vaso de papel en el alféizar de la ventana. "Si prometes ponerle un poco de agua al vaso todos los días, tal vez ocurra algo especial", le dijo. Para ella no tenía sentido, pero le prometió a su abuelo que lo haría, y lo hizo.

Al principio, escribió, era fácil ocuparse de esta tarea diaria pues tenía curiosidad por ver qué ocurría. Pero conforme pasaban los días y nada cambiaba, era más difícil recordar hacer la tarea. Cuando su abuelo regresó una semana después, ella le preguntó si ya era hora de dejar de hacerlo. Él le dijo que no. A la segunda semana, se sentía enojada y frustrada. Cuando su abuelo fue a visitarla, ella quiso devolverle el vasito. Pero él se negó a aceptarlo: "Todos los días, Rachel, un poco de agua". A la tercera semana, muchas veces no pensaba en el vaso sino hasta que se acostaba por la noche. Por respeto a su abuelo, se levantaba y hacía su tarea. Una mañana, de la tierra brotaron dos hojitas verdes que no estaban allí el día anterior. Se quedó asombrada. Día tras día, las plantas crecían un poco más. Se moría de ganas de enseñárselo a su abuelo, que pensaba que estaría tan asombrado como ella. En cambio, él le explicó que la vida está en todas partes y que las bendiciones están en todas partes, escondidas en los lugares más ordinarios e improbables. "¿Y todo lo que necesita es agua, abuelo?", preguntó Rachel. "No", respondió él. "Todo lo que necesita es tu fidelidad".[27]

Perseverar en la fidelidad es nuestro mayor regalo para este mundo. Los momentos más influyentes de nuestra vida y de la historia de la humanidad dependen mucho más de lo que pensamos de nuestra fidelidad en las cosas pequeñas, cuando nos levantamos cada día, como Rachel, y ponemos un poco de agua en nuestro vaso.

EPÍLOGO

> El valiente no es el que no siente miedo,
> sino el que conquista ese miedo.
> NELSON MANDELA[1]

Al día de hoy, la gente se sigue acercando a mí en el supermercado, en conferencias de la iglesia o mientras paseo por mi vecindario, para hablar del día en que el expresidente Donald Trump sostuvo una Biblia frente a la iglesia de St. John. Cada vez que me presentan en un acto público, se menciona mi respuesta a sus acciones, como si fuera el acontecimiento más destacable de mi ministerio ordenado. En estas páginas, he tratado de situar los acontecimientos del 1 de junio de 2020 en un contexto más amplio, explorando cómo aprendemos a ser valientes a lo largo de la vida, y en todos los aspectos de la vida, sobre todo cuando las decisiones valientes que tomamos solo las conoce Dios.

Ahora, en mi séptima década, pienso mucho en cómo hablar de los desafíos de nuestro tiempo con honestidad, pero no con desesperación, sino con una evaluación sobria de los problemas a los que nos enfrentamos y, aun así, con una esperanza genuina en nuestro futuro como nación y como especie. No es fácil, porque las divisiones en nuestro país no han hecho más que profundizarse desde que el presidente Trump dejó el cargo en enero de 2021. Mientras tanto, en el escenario mundial, hay guerras en muchos países, migraciones a gran escala en casi todos los continentes y una crisis ecológica que pone en peligro el futuro de toda la humanidad.

A lo que siempre vuelvo, como fuente de esperanza y fortaleza, es a los relatos históricos de hombres y mujeres que enfrentaron los retos de su época con valentía y gracia, a las historias atemporales de nuestras tradiciones espirituales y literarias que encarnan el valor para todos nosotros, a las personas de mi vida cuyo valor y amor sacrificial admiro, y a los momentos en los que me he sentido llamada a hacer lo que en ese instante parecía imposible. A veces lo he logrado; con frecuencia he fracasado. Pero lo que más parece importar en esos momentos es que nos presentamos, damos un paso al frente y hacemos nuestra ofrenda, a pesar de sus limitaciones y de las nuestras.

También me inspira la nueva generación de líderes a quienes les pertenece el futuro. Un domingo por la mañana, de camino a la iglesia, escuché el final de una conversación en un podcast entre Krista Tippett, presentadora de *On Being* (Sobre ser), y Ayana Elizabeth Johnson, bióloga marina dedicada a abordar la crisis climática mundial. Johnson es la editora de una antología titulada *All We Can Save: Truth, Courage, and Solutions for the Climate Crisis* (Todo lo que podemos salvar: Verdad, valor y soluciones para la crisis climática); cocreadora del podcast *How to Save a Planet* (¿Cómo salvar al planeta?); y cofundadora del proyecto All We Can Save (Todos podemos salvar).

Por cómo suenan estos títulos, se podría suponer que por naturaleza Johnson es una persona con esperanza, pero ella se describe más bien como una persona atraída por las soluciones y por hacer las cosas. "No soy partidaria de la esperanza como principio rector, porque esta supone que el resultado será bueno, lo cual no es seguro", afirma. "Pero estoy completamente enamorada de la cantidad de *posibilidades* de las cuales disponemos".[2]

El corazón me dio un vuelco cuando Johnson habló de la posibilidad de que hagamos las cosas bien, de que ya tenemos mucho de lo que necesitamos para abordar el cambio climático y otros problemas medioambientales. "Solo tenemos que hacerlo", dijo. Me pregunté: ¿en cuántos otros ámbitos de la vida es también cierto que ya tenemos a nuestro alcance las soluciones que necesitamos?

El rechazo de Johnson a una esperanza simplista basada en ilusiones está, de hecho, muy cerca de la comprensión cristiana de lo que es la esperanza: la capacidad de enfrentarse a la realidad, por difícil que sea, y seguir buscando el bien que sea posible. Como persona de fe, me atrevo a confiar en que Dios actúa en medio de las realidades más difíciles de nuestras vidas y que, por gracia y aceptación, nos unimos a él en la santa obra de transformar el mundo. Aunque sé que Dios no puede librarnos de las consecuencias de nuestros actos, me aferro a la promesa de que estará siempre con nosotros, hasta el fin del mundo. Además, creo que Dios nos convoca a trabajar juntos, como dijo el obispo Barber, en coaliciones de fieles, por la promesa de un día mejor. Solos no podemos lograr nada que valga la pena. Sin embargo, es importante que hagamos nuestra parte.

"Este es un momento que requiere muchos líderes", dijo Johnson, "porque lo que necesitamos es transformación en cada comunidad, en cada sector de la economía, en cada ecosistema, con los cientos de soluciones que tenemos. Se trata de cómo construimos un futuro en el que queremos vivir, donde haya un lugar para nosotros y para la gente y las cosas que amamos".[3]

En todos los ámbitos de la vida, en todos los países del mundo, hay personas que eligen comprometerse activamente para crear el futuro que Johnson cree que todavía es posible. Es inspirador estar cerca de ellos porque están inspirados y motivados por el amor. Pero no son una clase aparte: nosotros también podemos unirnos a ellos y, de hecho, lo hacemos, mucho más de lo que pensamos.

Escribí este libro para honrar la amplitud y la profundidad de lo que significa el valor en momentos decisivos, ya sea que se nos pida que empecemos, que salgamos y demos un paso al frente en público, o que nos quedemos quietos y perseveremos. Todos requieren un gran coraje. En palabras de David Whyte,

> la valentía es la medida de nuestra participación sincera con la vida, con otro, con una comunidad, un trabajo, un futuro. Ser valiente no es necesariamente ir a ninguna parte ni hacer nada, excepto hacer conscientes las cosas que ya sentimos profundamente y luego vivir a través de las interminables vulnerabilidades de esas consecuencias. Ser valiente es permanecer cerca de la forma en que estamos hechos.[4]

Mi oración es que, por gracia, todos nos animemos a apoyarnos en la sabiduría, la fuerza, el poder y la gracia que vienen a nosotros, siempre que nos encontremos en un momento decisivo. Que tú y yo nos atrevamos a creer que estamos donde debemos estar cuando llegue ese momento, haciendo el trabajo que nos corresponde hacer, plenamente presentes en nuestras vidas. Porque en este trabajo es donde aprendemos a ser valientes.

AGRADECIMIENTOS

Este libro nunca se habría escrito de no ser por Jennifer Gates y Catharine Strong, de Aevitas Creative Management, que se pusieron en contacto conmigo en el verano de 2020 y me animaron a empezar. Con calidez y paciencia, me guiaron a través del laborioso proceso de convertir las ideas en un borrador y, a partir de ahí, en una propuesta.

Me gustaría darle las gracias a Nina Shield, mi editora en Avery, por su sabiduría, sus atentas sugerencias y su amabilidad. Gracias también a Hannah Steigmeyer, quien sustituyó a Nina mientras estaba de incapacidad por maternidad y me mantuvo al día. Fue un honor trabajar con ellas y con todo el equipo de Avery. Dos ángeles en el camino fueron Kem Meyer y Beth Graybill, ambas maravillosas compañeras en la creatividad y mujeres de profunda fe. Margaret Shannon vino hacia el final para ayudar a localizar citas y permisos. Ella también fue una bendición.

Un agradecimiento especial a mi amiga y colega Kelly Brown Douglas por sugerirme que incluyera a Pauli Murray y Howard Thurman en el libro. Una noche, durante la cena, cuando íbamos a hablar de Pauli, le pregunté a Kelly por su vida. En pocos minutos supe que la suya era una historia que también tenía que ser contada.

Siento lo mismo por aquellos cuyo valor he hecho lo posible por describir. Algunos eran nuevos para mí, los descubrí mientras escribía. A otros los llevo conmigo desde hace años. Todas sus historias son sagradas, y rezo por haberles hecho justicia.

Gracias de corazón a mi familia, amigos y colegas que me escucharon mientras pensaba en voz alta sobre cada capítulo y me permitieron el tiempo y el espacio para escribir. Ustedes son mi inspiración y mi alegría.

Casi todos los domingos de mi vida adulta, me levanto para hablarle a una comunidad de creyentes reunidos para orar, reflexionar sobre historias sagradas y estar abiertos al espíritu de Jesús en medio de nosotros. Predicar es mi práctica espiritual. También es una conversación sagrada que continúa mucho más allá del púlpito. Incontables personas han sido mis maestros y mi inspiración. Este libro es una destilación de lo que he aprendido y he llegado a creer en la comunidad cristiana. Los errores de hecho y de percepción son míos. El resto es la asombrosa gracia.

NOTAS

1. Harry Emerson Fosdick (1878-1969) escribió el texto "God of Grace and God of Glory" para la dedicación de la iglesia Riverside de Nueva York en 1930.

Homilía

1. Estoy en deuda con Tim Shriver, CEO y Fundador del Proyecto Unite, por presentarme el concepto de una "cultura del desprecio" y cómo un enfoque en la dignidad humana es una alternativa positiva que nos permite hablarnos respetuosamente unos a otros a través de las diferencias.
2. https://law.stanford.edu/2019/12/20/the-outrage-industrial-complex/.
3. Aleksandr Solzhenitsyn, *Archipiélago Gulag*, 1918-1956.

Prefacio

1. "Santo Bautismo", en *The Book of Common Prayer*, Nueva York: Church Hymnal Corporation, 1979, p. 305.
2. "Franklin Graham equates Trump's inauguration with God's blessing", Baptist News Global, 20 de enero de 2025, https://baptistnews.

com/article/franklin-graham-equates-trumps-inauguration-with-gods-blessing/.

Plaza Lafayette - 1 de junio de 2020

1. Discurso del presidente de Estados Unidos, Rosaleda de la Casa Blanca, oficina del secretario de Prensa de la Casa Blanca.
2. Los líderes militares, mortificados al darse cuenta de que estaban siendo usados como utilería en ese montaje fotográfico, se escaparon de la escena y pronto se disculparon públicamente. "No debí estar allí. Mi presencia en ese momento y en ese entorno creó la impresión de que los militares participaban en la política nacional", declaró el general Mark Milley, jefe del Estado Mayor Conjunto, en un discurso pronunciado en la Academia Nacional de Defensa.
3. El 24 de agosto de 1814, en plena Guerra de 1812, las tropas británicas invasoras entraron en Washington e incendiaron el Capitolio, la mansión presidencial y otros monumentos locales.
4. Diseñada por Benjamin Henry Latrobe, la iglesia de St. John fue consagrada el 27 de diciembre de 1816.
5. Budde a Anderson Cooper de CNN.

Introducción

1. James Russell Lowell (1819-1891), "The Present Crisis", *The Boston Courier* (11 de diciembre de 1845). Lowell escribió el poema a petición de John Greenleaf Whittier, como protesta contra la anexión de Texas como estado esclavista.
2. Palabras del reverendo Dr. William J. Barber II usadas con autorización.
3. Eclesiastés 3.1.

Capítulo 1. Decidir partir

1. La vida y obra de Joseph Campbell (1904-1987) es responsable en gran medida de nuestra comprensión del viaje del héroe en la mitología antigua, las religiones del mundo y la cultura popular. Ver *The Hero with a Thousand Faces* (The Collected Works of Joseph Campbell), Novato, California: New World Library, 2008.
2. Henri Nouwen, *Bread for the Journey: A Daybook of Wisdom and Faith*, Nueva York: HarperOne, 2006, entrada del 23 de febrero.
3. Bruce Feiler, *Life Is in the Transitions: Mastering Change at Any Age*, Nueva York: Penguin Press, 2020.
4. Walter Brueggemann, *Genesis: Interpretation: A Biblical Commentary for Teaching and Preaching*, Atlanta: John Knox Press, 1982, p. 105.
5. Génesis 12:1-4.
6. Génesis 18:12.
7. Bruce Feiler, *Abraham: A Journey to the Heart of Three Faiths*, HarperCollins e-books, 2002, p. 44.
8. Campbell, *The Hero with a Thousand Faces*, p. 18.
9. Joseph Campbell, *The Power of Myth with Bill Moyers*, ed. Betty Sue Flowers, Nueva York: Doubleday, 1988, p. 124.
10. Henri Nouwen, *The Selfless Way of Christ: Downward Mobility and the Spiritual Life*, Maryknoll, Nueva York: Orbis Books, 2007, p. 29.
11. Peter Eisenstadt, *Against the Hound of Hell: A Life of Howard Thurman*, Charlottesville: University of Virginia Press, 2021, p. 206.
12. Howard Thurman, *With Head and Heart: The Autobiography of Howard Thurman*, San Diego: Harcourt Brace & Company, 1979, p. 20.
13. Thurman, *With Head and Heart*, p. 10.
14. Eisenstadt, p. 46.
15. Howard Thurman escribía con frecuencia sobre la interacción entre la suerte y el destino y la misteriosa presencia de Dios que lo animaba a vivir con audacia. Un ejemplo está en su colección

de meditaciones semanales de sus años en la Iglesia de la Fraternidad, *Deep Is the Hunger*, Nueva York: Harper & Row, 1951, pp. 42-43.
16. Eisenstadt, p. 7.
17. Citado en Eisenstadt, p. 21.
18. Thurman, *With Head and Heart*, p. 140.
19. Eisenstadt, pp. 207-08.
20. Eisenstadt, p. 208.

Capítulo 2. Decidir permanecer

1. El 31 de octubre de 1517, Martín Lutero fijó sus 95 tesis en la puerta de la Iglesia de Todos los Santos de Wittenberg (Sajonia). Llevado ante la Dieta de Worms en abril de 1521 acusado de herejía, defendió sus acciones: "No puedo ni quiero retractarme, porque actuar contra la propia conciencia no es seguro ni sano. Aquí estoy; no puedo hacer otra cosa. Que Dios me ayude".
2. Anne Tyler, *Saint Maybe*, Nueva York: Alfred A. Knopf, 1991, p. 213.
3. Antoine de Saint-Exupéry, *The Little Prince*, Nueva York: Harcourt, Brace & World, 1971, pp. 77-87.
4. Frederick Buechner, *Listening to Your Life: Daily Meditations with Frederick Buechner*, Nueva York: HarperCollins, 1992, p. 1.
5. Salmos 1:3.
6. Joan Chittister, *The Rule of St. Benedict: Insight for the Ages*, Chestnut Ridge, Nueva York: Crossroad Publishing Company, 1992.
7. Chittister, *The Rule of St. Benedict*, pp. 21-31.
8. Juan 6:60-68.
9. Para una reflexión más profunda sobre la importancia de cuidar nuestra fe, ver el maravilloso libro de Brian McLaren, *Finding Our Way*

Again: The Return of the Ancient Practices, Nashville: Thomas Nelson, 2010.

10. Kelly Brown Douglas, *What's Faith Got to Do with It? Black bodies/ Christian Souls*, Maryknoll, Nueva York: Orbis Books, 2005, p. 53, Kindle.

11. Kelly Brown Douglas, "How Do We Know Black Lives Matter to God?", *The Christian Century*, 30 de septiembre de 2020, https://www.christiancentury.org/article/how-my-mind-has-changed/how-do-we-know-black-lives-matter-god.

12. Douglas, "How Do We Know Black Lives Matter to God?".

13. Kelly Brown Douglas, *Resurrection Hope: A Future Where Black Lives Matter*, Maryknoll, Nueva York: Orbis Books, 2021, p. xii.

14. Douglas, *Resurrection Hope*, p. 221.

15. Kati Marton, *Hidden Power: Presidential Marriages That Shaped Our Recent History*, Nueva York: Pantheon Books, 2001, capítulo 2, p. 74, Kindle.

16. Ver en especial la descripción de Hazel Rowley en *Franklin and Eleanor: An Extraordinary Marriage*, Nueva York: Picador, 2010, pp. 39-63.

17. David Michaelis, *Eleanor*, Nueva York: Simon & Schuster, 2020, p. 96.

18. Michaelis, p. 141.

19. Doris Kearns Goodwin, *No Ordinary Time: Franklin and Eleanor Roosevelt: The Home Front in World War II*, Nueva York: Simon & Schuster, 1994, p. 19.

20. Blanche Wiesen Cook, *Eleanor: Volume One, 1884-1933*, Nueva York: Penguin Books, 1992, p. 250.

21. Marton, *Hidden Power*, p. 894.

22. Goodwin, p. 11.

23. Thurman, *With Head and Heart*, p. 141.

Capítulo 3. Decidir comenzar

1. Proverbio chino atribuido a Laozi, capítulo 64, Dao De Jing.
2. Lucas 9:35.
3. Lucas 9:51.
4. "EL Doctorow in Quotes: 15 of His Best", *The Guardian*, 22 de julio de 2015, https://www.theguardian.com/books/2015/jul/22/el-doctorow-in-quotes-15-of-his-best.
5. David Whyte, "Sweet Darkness", *The House of Belonging* (1997) y *Essentials* (2020). Reimpreso con permiso de Many Rivers Press, Langley, Washington, https://davidwhyte.com.
6. Juan Williams, *Thurgood Marshall: American Revolutionary*, Nueva York: Three Rivers Press, 1998, p. 89, Kindle.
7. Oliver Allen, "Chief Counsel for Equality", *Life* (13 de junio de 1955), p. 141, citado en Williams, *Thurgood Marshall*, p. 1230.
8. Williams, p. 1307, Kindle.
9. Williams, p. 1307, Kindle.
10. Williams, p. 1311, Kindle.
11. Gilbert King, *Devil in the Grove: Thurgood Marshall, the Groveland Boys, and the Dawn of a New America*, Nueva York: Harper Perennial, 2012, p. 2.
12. King, *Devil in the Grove*, p. 360.
13. Pauli Murray, *Song in a Weary Throat: An American Pilgrimage*, Nueva York: Liveright Publishing, 2012, p. 124.
14. Murray, p. 237.
15. Troy R. Saxby, *Pauli Murray: A Personal and Political Life*, Chapel Hill: University of North Carolina Press, 2020, p. 110, Kindle.
16. Rosalind Rosenberg, *Jane Crow: The Life of Pauli Murray*, Nueva York: Oxford University Press, 2017, p. 116, Kindle.
17. Rosenberg, p. 187.

Capítulo 4. Aceptar lo que no eliges

1. Se dice que el teólogo estadounidense Reinhold Niebuhr escribió la oración en 1932-1933. Ver Elisabeth Sifton, *The Serenity Prayer: Faith and Politics in Times of Peace and War*, Nueva York: W. W. Norton & Company, 2003, p. 289.
2. "Dios de Gracia y Dios de Gloria", Himno 584, *The Hymnal 1982*, Nueva York: Church Publishing, 1982.
3. J. R. R. Tolkien, *The Lord of the Rings: The Fellowship of the Ring*, segunda edición, Boston: Houghton Miffilin, 1954, p. 50.
4. Ronald A. Heifetz y Marty Linsky, *Leadership on the Line: Staying Alive through the Dangers of Leading*, Boston: Harvard Business School Press, 2002, p. 13.
5. Dietrich Bonhoeffer, *Gesammelte Schriften [Collected Writings]*, ed. Ebhard Bethge, I:320, Múnich: Haiser, 1958.
6. Citado en *Strange Glory: A Life of Dietrich Bonhoeffer*, de Charles Marsh, Nueva York: Alfred A. Knopf, 2014, p. 342, Kindle.
7. Romanos 5:3-5.
8. Filipenses 3:10.
9. Colosenses 1:2.
10. Segunda carta de Corintios 12:8-10.
11. Dra. Rachel Naomi Remen, *Kitchen Table Wisdom: Stories That Heal*, décima edición de aniversario, Nueva York: Riverhead Books, 2006, p. xxxvii, Kindle.
12. Remen, *Kitchen Table Wisdom*, p. 29, Kindle.
13. Remen, *Kitchen Table Wisdom*, p. 29, Kindle.
14. Remen, *Kitchen Table Wisdom*, p. 30, Kindle.
15. Remen, *Kitchen Table Wisdom*, p. 17, Kindle.
16. Dra. Rachel Naomi Remen, *My Grandfather's Blessings: Stories of Strength, Refuge, and Belonging*, Nueva York: Riverhead Books, 2000, p. 29.

17. Mateo 26:39.
18. Isaías 42:6-7.
19. Isaías 53:45.
20. Isaías 53:10-11.
21. Romanos 3:23-25.
22. Rachel Held Evans, *Inspired: Slaying Dragons, Walking on Water, and Loving the Bible Again*, Nashville: Thomas Nelson, 2018, p. 155, Kindle.
23. Colosenses 1:19.
24. Juan 1:5.
25. Kate Bowler, *Everything Happens for a Reason: and Other Lies I've Loved*, Nueva York: Random House, 2018, p. xvi, Kindle.
26. Michael K. Honey, *Going Down Jericho Road: The Memphis Strike, Martin Luther King's Last Campaign*, Nueva York: W. W. Norton & Company, 2007, pp. 26-27.
27. Mika Edmondson, *The Power of Unearned Suffering: The Roots and Implications of Martin Luther King, Jr.'s Theodicy*, Lanham, Míchigan: Lexington Books, 2007, p. xi.
28. Martin Luther King Jr., *Stride Toward Freedom: The Montgomery Story*, Nueva York: HarperCollins, 1987, p. 224, citado en Edmondson, p. 16.
29. Martin Luther King Jr., "Pilgrimage to Nonviolence", en *The Christian Century*, 13 de abril de 1960, pp. 439-41, incluido en James M. Washington, ed., *A Testament of Hope: The Essential Writings and Speeches of Martin Luther King, Jr.*, San Francisco: HarperSan Francisco, 1986, p. 40.
30. Martin Luther King Jr., "Suffering and Faith", citado en Washington, p. 43.
31. King Jr., "Suffering and Faith", citado en Washington, p. 43.
32. Honey, p. 97.

33. Joseph Rosenbloom, *Redemption: Martin Luther King's Last 31 Hours*, Boston: Beacon Press, 2018, p. 32.
34. Rosenbloom, p. 36.
35. Honey, p. 428.
36. Honey, p. 452.
37. Honey, p. 381.
38. Honey, p. 381.
39. Taylor Branch, *At Canaan's Edge: America in the King Years, 1965-68*, Nueva York: Simon & Schuster, 2006, p. 756.
40. Martin Luther King Jr., "I See the Promised Land", en Washington, p. 28.
41. King Jr., "I See the Promised Land", en Washington, p. 286.
42. Martin Luther King Jr., "Remaining Awake through a Great Revolution", en Washington, pp. 272-73.
43. King Jr., "I See the Promised Land", en Washington, p. 285.
44. James H. Cone, *The Cross and the Lynching Tree*, Maryknoll, Nueva York: Orbis Books, 2011, pp. 85, 87.
45. Michael Curry, *Love Is the Way: Holding on to Hope in Troubling Times*, Nueva York: Avery, 2020, p. 27.

Capítulo 5. Asumir el reto

1. Gregory Boyle, *Barking to the Choir: The Power of Radical Kinship*, Nueva York: Simon & Schuster, 2017, p. 29, Kindle.
2. Empecé a usar la frase "dar un paso al frente" en los sermones para describir lo que todos estábamos llamados a hacer en una época de intensa necesidad. Como a veces predico en español, me preguntaba cómo se traduciría. No se traduce. Hay, sin embargo, una expresión paralela muy cercana del deporte castellano de la tauromaquia: coger el toro por los cuernos, es decir, "tomar al toro por los cuernos".

Encontré otro dicho en español que no me gustó tanto, pero que me hizo sonreír: "Ponerle el cascabel al gato". Como expresión, significa tener el valor de hacer lo que otros no se atreven.

3. Lucas 4:18-19.
4. Lucas 4:21.
5. Juan 18:28-38.
6. Michael Curry, *The Power of Love: Sermons, Reflections, and Wisdom to Uplift and Inspire*, Nueva York: Avery, 2018, p. 8.
7. Curry, *The Power of Love*, p. 11.
8. Isaías 6:5.
9. Lucas 5:8.
10. Segunda carta de Corintios 4:7.
11. Marcos 6:36.
12. Juan 6:12.
13. James Clear, "What Every Successful Person Knows, But Never Says", James Clear, 14 de diciembre de 2015, https://jamesclear.com/ira-glass-failure.
14. Clear, "What Every Successful Person Knows".
15. Brené Brown, *Rising Strong: How the Ability to Reset Transforms the Way We Live, Love, Parent, and Lead*, Nueva York: Random House, 2017, loc. 202, Kindle.
16. Brown, p. 274, Kindle.
17. Brown, p. 958, Kindle.
18. Brown, p. 3594, Kindle.
19. Curry, *Love Is the Way*, p. 181.
20. Brown, p. 3605.
21. Génesis 31:3.
22. Génesis 32:26-28.

23. Justin Welby, sermón predicado en la Catedral Nacional de Washington, 27 de septiembre de 2020, https://cathedral.org/sermons/sermon-the-most-rev-justin-welby-archbishop-of-canterbury/.
24. Welby, sermón en la Catedral Nacional de Washington.
25. Cuento la historia de Henry Caffey con el permiso de Andrew Waldo. Escuché por primera vez a Andrew contar la historia en un sermón que predicó el 23 de abril de 2004.
26. Charles W. Eagles, *Outside Agitator: Jon Daniels and the Civil Rights Movement in Alabama*, Tuscalusa: University of Alabama Press, 2000, p. 28.
27. Citado en Eagles, p. 27.
28. Rich Wallace y Sandra Neil Wallace, *Blood Brother: Jonathan Daniels and His Sacrifice for Civil Rights*, Calkins Creek, 2016, p. 137, Kindle.
29. Stephanie Spellers, *The Church Cracked Open: Disruption, Decline, and New Hope for Beloved Community*, Nueva York: Church Publishing, 2022, p. 81.
30. Wallace y Wallace, p. 225.
31. Eagles, p. 184.
32. Eagles, p. 168.
33. Eagles, p. 169.

Capítulo 6. La inevitable decepción

1. Atribuido a Oscar Wilde.
2. Marcos 1:11-12.
3. Mateo 16:13-14.
4. Mateo 16:15-18.
5. Mateo 16:21-23.

6. Visita https://isaiahmn.org/ para más información sobre el trabajo de ISAIAH.
7. Juan 21:15-19.
8. David Paulsen, "Q&A: Washington Bishop Mariann Budde says Church Should 'Lead with Jesus' in Its Nonpartisan Advocacy", Episcopal News Service, 4 de febrero de 2021, https://www.episcopalnewsservice.org/2021/02/04/qa-washington-bishop-mariann-budde-says-churchs-nonpartisan-advocacy-should-lead-with-jesus/.
9. Brown, p. 200.
10. Lawrence B. Glickman, "How White Backlash Controls American Progress", *The Atlantic*, 22 de mayo de 2020, https://www.theatlantic.com/ideas/archive/2020/05/white-backlash-nothing-new/611914/.
11. Ta-Nehisi Coates, *We Were Eight Years in Power: An American Tragedy*, Nueva York: One World, 2017, p. xiii, Kindle.
12. Coates, p. 64.
13. Coates, p. 109.
14. Coates, p. 202.
15. Coates, p. 288.
16. Timothy M. Gallagher, OMV, *The Discernment of Spirits: An Ignatian Guide for Everyday Living*, Nueva York: Crossroad Publishing Company, 2005, p. 57.
17. Gallagher, p. 110.
18. Salmos 30:5.
19. Brown, p. 630.
20. Scott Belsky, *The Messy Middle: Finding Your Way Through the Hardest and Most Crucial Part of Any Bold Venture*, Nueva York: Portfolio/Penguin, 2018, p. 3, Kindle.
21. Belsky, p. 7, Kindle.

22. Jim Collins y Jerry I. Porras, "Building Your Company's Vision", *Harvard Business Review*, https://hbr.org/1996/09/building-your-companys-vision. Consultado el 17 de agosto de 2022.
23. Collins y Porras.
24. Brown, p. 641.

Capítulo 7. La virtud oculta de la perseverancia

1. Sue Monk Kidd, *The Secret Life of Bees*, Nueva York: Viking, 2020, p. 289.
2. Madeleine Albright, *Madam Secretary: A Memoir*, Nueva York: HarperCollins, 2003, p. 6, Kindle.
3. Albright, *Madam Secretary*, p. 89.
4. Albright, *Madam Secretary*, p. 10.
5. Albright, *Madam Secretary*, p. 6.
6. Madeleine Albright, *Prague Winter: A Personal Story of Remembrance and War, 1937-1948*, Nueva York: HarperCollins, 2013, p. 414.
7. Albright, *Prague Winter*, p. 414.
8. Edwin H. Friedman, *Generation to Generation: Family Process in Church and Synagogue*, Nueva York: Guilford Press, 1985, p. 52.
9. Friedman, *Generation to Generation*, p. 188.
10. Edwin H. Friedman, *A Failure of Nerve: Leadership in the Age of the Quick Fix*, Nueva York: Seabury Books, 2007, p. 14.
11. Everett M. Rogers, *Diffusion of Innovations*, Nueva York: Free Press, 1995, p. 5.
12. Rogers, p. 169.
13. Rogers, p. 11.
14. Rogers, p. 300.

15. Malcolm Gladwell, *The Tipping Point: How Little Things Can Make a Big Difference*, Boston: Little, Brown and Company, 2000, p. 12, Kindle.
16. Gladwell, p. 13.
17. Jim Collins, *Good to Great: Why Some Companies Make the Leap… and Others Don't*, Nueva York: HarperCollins, 2001, p. 165.
18. Segunda carta de Corintios 6:2.
19. Rogers, p. 1.
20. Lucas 18:1.
21. "Outer Turmoil, Inner Strength", de Peter J. Gomes, en *Strength for the Journey: Biblical Wisdom for Daily Living*, San Francisco: HarperSanFrancisco, 2003, p. 140.
22. Gomes, p. 148.
23. Gomes, p. 149.
24. Elisabeth Sifton, *The Serenity Prayer: Faith and Politics in Times of Peace and War*, Nueva York: W. W. Norton & Company, 2003, p. 348.
25. Sifton, p. 349.
26. Rachel Held Evans, *Inspired: Slaying Giants, Walking on Water, and Loving the Bible Again*, Nashville: Thomas Nelson Books, 2018, p. 148, Kindle.
27. Remen, *My Grandfather's Blessings*, pp. 1-2.

Epílogo

1. Nelson Mandela, *Long Walk to Freedom: The Autobiography of Nelson Mandela*, Boston: Little, Brown, 1994, p. 622, Kindle.
2. Anya Elizabeth Johnson, 9 de junio de 2022, https://onbeing.org/programs/ayana-elizabeth-johnson-what-if-we-get-this-right/. Consultado el 16 de agosto de 2022.

3. Johnson, https://onbeing.org/programs/ayana-elizabeth-johnson-what-if-we-get-this-right/.
4. David Whyte, *Consolations: The Solace, Nourishment and Underlying Meaning of Everyday Words*, Langley, Washington: Many Rivers Press, 2015, p. 224, Kindle.

BIBLIOGRAFÍA

LIBROS

Albright, Madeleine. *Madam Secretary: A Memoir.* Nueva York: HarperCollins, 2003.

Albright, Madeleine. *Prague Winter: A Personal Story of Remembrance and War, 1937-1948.* Nueva York: HarperCollins, 2013.

Belsky, Scott. *The Messy Middle: Finding Your Way Through the Hardest and Most Crucial Part of Any Bold Venture.* Nueva York: Portfolio/Penguin, 2018.

Bonhoeffer, Dietrich. *Gesammelte Schriften [Collected Writings].* Editado por Ebhard Bethge, I:320. Múnich: Haiser, 1958.

Bowler, Kate. *Everything Happens for a Reason: And Other Lies I've Loved.* Nueva York: Random House, 2018.

Boyle, Gregory. *Barking to the Choir: The Power of Radical Kinship.* Nueva York: Simon & Schuster, 2017.

Branch, Taylor. *At Canaan's Edge: America in the King Years, 1965-68.* Nueva York: Simon & Schuster, 2006.

Brown, Brené. *Rising Strong: How the Ability to Reset Transforms the Way We Live, Love, Parent, and Lead.* Nueva York: Random House, 2017.

Brueggemann, Walter. *Genesis: Interpretation: A Biblical Commentary for Teaching and Preaching*. Atlanta: John Knox Press, 1982.

Buechner, Frederick. *Listening to Your Life: Daily Meditations with Frederick Buechner*. Nueva York: HarperCollins, 1992.

Campbell, Joseph. *The Hero with a Thousand Faces (The Collected Works of Joseph Campbell)*. Novato, California: New World Library, 2008.

Campbell, Joseph. *The Power of Myth with Bill Moyers. Editado por Betty Sue Flowers*. Nueva York: Doubleday, 1988.

Chittister, Joan. *The Rule of Benedict: Insights for the Ages. Chestnut Ridge*. Nueva York: Crossroad Publishing Company, 1992.

Coates, Ta-Nehisi. *We Were Eight Years in Power: An American Tragedy*. Nueva York: One World, 2017.

Collins, Jim. *Good to Great: Why Some Companies Make the Leap… and Others Don't*. Nueva York: HarperCollins, 2001.

Cone, James H. *The Cross and the Lynching Tree*. Maryknoll, Nueva York: Orbis Books, 2011.

Cook, Blanche Wiesen. *Eleanor: Volume One, 1884-1933*. Nueva York: Penguin Books, 1992.

Curry, Michael, obispo. *Love Is the Way: Holding on to Hope in Troubling Times*. Nueva York: Avery, 2020.

Curry, Michael, obispo. *The Power of Love: Sermons, Reflections, and Wisdom to Uplift and Inspire*. Nueva York: Avery, 2018.

Douglas, Kelly Brown. *Resurrection Hope: A Future Where Black Lives Matter*. Maryknoll, Nueva York: Orbis Books, 2021.

Douglas, Kelly Brown. *What's Faith Got to Do with It? Black Bodies/Christian Souls*. Maryknoll, Nueva York: Orbis Books, 2005.

Eagles, Charles W. *Outside Agitator: Jon Daniels and the Civil Rights Movement in Alabama*. Tuscalusa: University of Alabama Press, 2000.

Edmundson, Mika. *The Power of Unearned Suffering: The Roots and Implications of Martin Luther King, Jr.'s Theodicy*. Lanham, Míchigan: Lexington Books, 2007.

Eisenstadt, Peter. *Against the Hounds of Hell: A Life of Howard Thurman*. Charlottesville: University of Virginia Press, 2021.

The Episcopal Church. *The Hymnal 1982*. Nueva York: Church Publishing, 1982.

The Episcopal Church. *The Book of Common Prayer.* Nueva York: Church Hymnal Corporation, 1979.

Evans, Rachel Held. *Inspired: Slaying Giants, Walking on Water, and Loving the Bible Again*. Nashville: Thomas Nelson, 2018.

Feiler, Bruce. *Abraham: A Journey to the Heart of Three Faiths*. Nueva York: William Morrow, 2002.

Feiler, Bruce. *Life Is in the Transitions: Mastering Change at Any Age*. Nueva York: Penguin Press, 2020.

Friedman, Edwin H. *A Failure of Nerve: Leadership in the Age of the Quick Fix*. Nueva York: Seabury Books, 2007.

Friedman, Edwin H. *Generation to Generation: Family Process in Church and Synagogue* (The Guilford Family Therapy Series). Nueva York: Guilford Press, 1985.

Gallagher, Timothy M. *The Discernment of Spirits: An Ignatian Guide for Everyday Living*. Nueva York: Crossroad Publishing Company, 2005.

Gladwell, Malcolm. *The Tipping Point: How Little Things Can Make a Big Difference*. Boston: Little, Brown and Company, 2000.

Gomes, Peter J. *Strength for the Journey: Biblical Wisdom for Daily Living*. San Francisco: HarperSanFrancisco, 2003.

Goodwin, Doris Kearns. *No Ordinary Time: Franklin and Eleanor Roosevelt: The Home Front in World War II*. Nueva York: Simon & Schuster, 1994.

Heifetz, Ronald A., y Marty Linsky. *Leadership on the Line: Staying Alive through the Dangers of Leading*. Boston: Harvard Business School Press, 2002.

Honey, Michael K. *Going Down Jericho Road: The Memphis Strike, Martin Luther King's Last Campaign*. Nueva York: W. W. Norton & Company, 2007.

King, Gilbert. *Devil in the Grove: Thurgood Marshall, the Groveland Boys, and the Dawn of a New America*. Nueva York: Harper Perennial, 2012.

King, Martin Luther, Jr. "Pilgrimage to Nonviolence", en *The Christian Century* (13 de abril de 1960). https://www.christiancentury.org/article/pilgrimage-nonviolence.

King, Martin Luther, Jr. *Stride Toward Freedom: The Montgomery Story*. Nueva York: HarperCollins, 1987.

Marsh, Charles. *Strange Glory: A Life of Dietrich Bonhoeffer*. Nueva York: Alfred A. Knopf, 2014.

Marton, Kati. *Hidden Power: Presidential Marriages That Shaped Our Recent History*. Nueva York: Pantheon Books, 2001.

McLaren, Brian. *Finding Our Way Again: The Return of the Ancient Practices*. Nueva York: Thomas Nelson, 2010.

Michaelis, David. *Eleanor*. Nueva York: Simon & Schuster, 2020.

Murray, Pauli. *Song in a Weary Throat: An American Pilgrimage*. Nueva York: HarperCollins, 1987.

Nouwen, Henri. *Bread for the Journey: A Daybook of Wisdom and Faith*. Nueva York: Harper-One, 2006.

Nouwen, Henri. *The Selfless Way of Christ: Downward Mobility and the Spiritual Life*. Maryknoll, Nueva York: Orbis Books, 2007.

Remen, Rachel Naomi, MD. *Kitchen Table Wisdom: Stories That Heal*, edición por el décimo aniversario. Nueva York: Riverhead Books, 2006.

Remen, Rachel Naomi, MD. *My Grandfather's Blessings: Stories of Strength, Refuge, and Belonging*. Nueva York: Riverhead Books, 2000.

Rogers, Everett M. *Diffusion of Innovations*. Nueva York: Free Press, 1995.

Roosevelt, Eleanor. *You Learn by Living: Eleven Keys for a More Fulfilling Life*. Nueva York: Harper, 1960.

Rosenberg, Rosalind. *Jane Crow: The Life of Pauli Murray*. Nueva York: Oxford University Press, 2017.

Rosenbloom, Joseph. *Redemption: Martin Luther King's Last 31 Hours*. Boston: Beacon Press, 2018.

Rowley, Hazel. *Franklin and Eleanor: An Extraordinary Marriage*. Nueva York: Picador, 2010.

Saint-Exupéry, Antoine de. *The Little Prince*. Nueva York: Harcourt, Brace & World, 1971.

Saxby, Troy R. *Pauli Murray: A Personal and Political Life*. Chapel Hill: University of North Carolina Press, 2020.

Sifton, Elisabeth. *The Serenity Prayer: Faith and Politics in Times of Peace and War*. Nueva York: W. W. Norton & Company, 2003.

Spellers, Stephanie. *The Church Cracked Open: Disruption, Decline, and New Hope for Beloved Community*. Nueva York: Church Publishing, 2021.

Thurman, Howard. *Deep Is the Hunger*. Nueva York: Harper & Row, 1951.

Thurman, Howard. *With Head and Heart: The Autobiography of Howard Thurman*. San Diego: Harcourt Brace & Company, 1979.

Tolkien, J. R. R. *The Lord of the Rings: The Fellowship of the Ring*, segunda edición. Boston: Houghton Mifflin, 1954.

Tyler, Anne. *Saint Maybe*. Nueva York: Alfred A. Knopf, 1991.

Wallace, Rich, y Sandra Neil Wallace. *Blood Brother: Jonathan Daniels and His Sacrifice for Civil Rights*. Calkins Creek, 2016.

Washington, James M., ed. *A Testament of Hope: The Essential Writings and Speeches of Martin Luther King, Jr.* San Francisco: HarperSanFrancisco, 1986.

Whyte, David. *Consolations: The Solace, Nourishment and Underlying Meaning of Everyday Words*. Langley, Washington: Many Rivers Press, 2015.

Whyte, David. *The House of Belonging and Essentials*. Langley, Washington: Many Rivers Press, 1997 y 2020.

Williams, Juan. *Thurgood Marshall: American Revolutionary*. Nueva York: Three Rivers Press, 1998.

SITIOS WEB

Clear, James. "What Every Successful Person Knows, But Never Says". Consultado el 10 de junio de 2022. https://jamesclear.com/ira-glass-failure.

Collins, Jim, y Jerry I. Porras. "Building Your Company's Vision". *Harvard Business Review*. Septiembre-octubre de 1996. https://hbr.org/1996/09/building-your-companys-vision.

Douglas, Kelly Brown. "How Do We Know Black Lives Matter to God?". *The Christian Century*. 30 de septiembre de 2020. https://www.christiancentury.org/article/how-my-mind-has-changed/how-do-we-know-black-lives-matter-god.

"EL Doctorow in Quotes: 15 of His Best". *The Guardian*. 22 de julio de 2015. https://www.theguardian.com/books/2015/jul/22/el-doctorow-in-quotes-15-of-his-best.

"Franklin Graham equates Trump's inauguration with God's blessing". Baptist News Global. 20 de enero de 2025. https://

baptistnews.com/article/franklin-graham-equates-trumps-inauguration-with-gods-blessing/.

Glickman, Lawrence B. "How White Backlash Controls American Progress". *The Atlantic*. 22 de mayo de 2020. https://www.theatlantic.com/ideas/archive/2020/05/white-backlash-nothing-new/611914/.

Johnson, Ayana Elizabeth. "What If We Get This Right?". *On Being with Krista Tippett*. 9 de junio de 2022. https://onbeing.org/programs/ayana-elizabeth-johnson-what-if-we-get-this-right/.

Paulsen, David. "Q&A: Washington Bishop Mariann Budde Says Church Should 'Lead with Jesus' in Its Nonpartisan Advocacy". Episcopal News Service. 4 de febrero de 2021. https://www.episcopalnewsservice.org/2021/02/04/qa-washington-bishop-mariann-budde-says-churchs-nonpartisan-advocacy-should-lead-with-jesus/.

Welby, Justin. Sermón predicado en la Catedral Nacional de Washington el 27 de septiembre de 2020. https://cathedral.org/sermons/sermon-the-most-rev-justin-welby-archbishop-of-canterbury/.

PERMISOS

Esta obra se terminó de imprimir
en el mes de octubre de 2025,
en los talleres de Impresora Tauro, S.A. de C.V.
Ciudad de México.